Libérez vos talents

Éditions Eyrolles
61, bd Saint-Germain
75240 Paris Cedex 05
www.editions-eyrolles.com

ISBN : 978-2-416-00357-8

Philbert Corbrejaud

Libérez vos talents

Personne ne le fera à votre place !

Je dédie cet ouvrage à mes trois sœurs (Christiane, Marie-Thérèse et Chantale) pour leur exemplarité et leur mérite familial. Elles n'ont pas eu la chance d'étudier et de choisir leur métier, elles sont restées fidèles à leurs familles et à leur territoire vendéen.

Je tiens également à rendre hommage aux gens de l'île de Noirmoutier pour leur travail et leur courage, ainsi qu'aux Vendéens pour leur attachement aux entreprises familiales.

Sommaire

Préface 9

Introduction 13

Chapitre 1
Des marais salants aux talents latents 17

Chapitre 2
Découvrez votre potentiel..................................... 33

Chapitre 3
Reconnectez-vous à votre passion 59

Chapitre 4
Développez votre professionnalisme 83

Chapitre 5
Élaborez votre projet... 97

Chapitre 6
Perfectionnez-vous ! 117

CHAPITRE 7
Votre plan d'actions à mettre en œuvre 135

CHAPITRE 8
Inventaire des outils utilisés 141

CONCLUSION 145

TOP 10 DES OUVRAGES INSPIRANTS 149

REMERCIEMENTS 151

COMPLÉMENTS 153

Préface

Il est rare qu'un ouvrage de développement professionnel laisse à son lecteur l'impression jubilatoire d'avoir rencontré à la fois un homme de conviction, une pensée éclairante et de multiples pistes d'action. Et le tout dans un format réduit qui rend la lecture confortable tout en permettant d'aller directement à l'essentiel. C'est ce qui ressort de la lecture de l'ouvrage de Philbert Corbrejaud, dont le titre *Libérez vos talents* donne déjà une première idée de la richesse du contenu et des dynamiques qu'il est à même de susciter, en particulier chez celles et ceux prêts à considérer leur propre parcours avec un œil neuf.

Au fil des premières lignes, Philbert Corbrejaud – évoquant son propre itinéraire de vie – met d'entrée de jeu en avant ce qui sera le fil directeur de sa réflexion, à savoir qu'il n'existe rien en dehors de l'expérience vécue, de la décision et de l'action. Vivre, c'est décider et faire. Et cette idée simple et puissante se retrouve dans tous les témoignages et récits de vie émaillant l'ouvrage. Ils apportent au fil de la réflexion de l'auteur des illustrations issues du seul domaine qui vaille, celui de la vie réelle.

Au cœur de la réflexion de Philbert Corbrejaud se trouve la notion de *talents latents*, qui recouvre l'ensemble de tous ces dons, savoir-faire ou potentiels cachés, dormants ou encore inexprimés. Il les oppose avec beaucoup de pertinence aux *talents patents*, ceux connus et identifiés par les autres, d'autant plus incontestables qu'ils sont souvent socialement sanctionnés par un sacro-saint diplôme, ce sélectif sésame de notre culture élitiste, encore trop souvent marquée du sceau de la seule reconnaissance académique.

Mais les talents latents, c'est une autre histoire ! Les talents latents, ce sont ces potentiels encore cachés, mais en attente d'éveil. Ce sont ces compétences et savoir-faire nouveaux susceptibles d'apparaître et de se manifester à un certain moment, à condition que le sujet talentueux accepte de laisser la parole à son désir et à sa passion. À condition également que les circonstances (que l'on peut parfois aider) permettent à ces talents latents de s'épanouir dans l'action.

Afin de favoriser leur parcours, Philbert Corbrejaud, fort de plusieurs dizaines d'années d'expérience dans le monde de l'entreprise, des ressources humaines et du développement professionnel, propose à ses lecteurs un itinéraire en cinq phases, émaillé d'exemples autant que d'outils concrets. Au fil de cette démarche, chacun entreprend de découvrir son potentiel puis de se reconnecter à ses passions, préalables nécessaires à tout professionnalisme en action. Alors seulement, le projet pourra être élaboré, nourri au quotidien du carburant sans limite de l'auto-apprentissage et du perfectionnement choisi et ciblé.

Ce qui fait l'intérêt de la démarche proposée par Philbert Corbrejaud, c'est qu'elle offre à ses lecteurs trois niveaux de réflexion active :

- l'auteur y livre tout d'abord une analyse originale, autour d'une conception élargie et opératoire de la notion de *talent*, concept qui se situe aujourd'hui au centre de plusieurs pratiques, telles que la stratégie RH, le développement professionnel et personnel ;
- les idées présentées sont toujours précédées ou suivies d'illustrations concrètes, développées autour de cas réels et de tranches de vies professionnelles inspirantes, qu'il s'agisse de celle de l'auteur ou de celles et ceux qu'il a accompagnés dans leur propre territoire de changement ;
- enfin, au travers de la présentation de nombreux outils (dont une perspective renouvelée sur les tests psychotechniques), l'auteur donne envie à son lecteur d'agir séance tenante en mettant en pratique la méthode à travers un plan d'action personnalisé.

En refermant (temporairement) le livre de Philbert Corbrejaud, comment ne pas évoquer cette éclairante pensée de Thomas Edison, qui écrivit un jour : « Si tous les hommes savaient ce dont ils sont réellement capables, ils resteraient frappés de stupeur. » Avec cet ouvrage, une fois le temps de la stupeur passée, le lecteur n'a plus qu'une envie : se lancer dans l'action !

Philippe Gabilliet, PhD
Professeur-associé à ESCP Business School (Paris)
Auteur de *Éloge de l'optimisme : quand les enthousiastes font bouger le monde*
(Éditions Saint-Simon, 2010)

Introduction

J'ai commencé l'écriture de ce livre en janvier 2020. À l'époque, comme vous tous, j'étais bien loin d'imaginer ce qui nous attendait : cette situation inédite d'une crise sanitaire qui n'en finit plus. C'est pourquoi un an plus tard, alors que mon livre est sur le point d'être publié, j'ai souhaité ajouter cette introduction. À cette date, nous ne savons toujours pas quand nous allons pouvoir reprendre une vie normale faite d'interactions naturelles avec nos semblables et d'un peu d'insouciance. La crise sanitaire qui s'est déclarée il y a un an nous a d'abord fait peur. Et c'est bien normal, car outre son intensité, elle s'est abattue sur le monde entier. Dans ces conditions, impossible de fuir dans un pays lointain pour y échapper. Nous avons été tenus de rester sur place et de subir. Nous avons perdu tous nos repères et nous avons ressenti un fort sentiment d'insécurité. Face à cette situation exceptionnelle, nous nous sommes tous demandé comment réagir. Et malheureusement, il y a fort à parier que cette crise sanitaire à nulle autre pareille soit la première d'une longue série. Nous en avions vu les prémices en 2009 avec la grippe H1N1 qui s'était avérée beaucoup moins mortelle. Désormais, le risque d'une nouvelle pandémie de l'envergure de celle que nous vivons actuellement doit être intégré dans les outils de pilotage des entreprises. Au niveau individuel, vous pouvez également prendre en compte cette pandémie pour appréhender votre vie professionnelle sous un autre angle. Vous pouvez choisir de voir cette crise comme une calamité ou bien l'envisager comme une véritable opportunité. Pour certains, cela peut sembler impossible à ce stade. Mais, faites-moi confiance, la démarche d'évolution professionnelle que je vous propose dans mon livre peut vous y aider. Si l'envie de changer de métier vous a déjà traversé l'esprit, profitez-en pour sauter le pas. Savez-vous que 92 % des actifs ont déclaré que le confinement a littéralement augmenté leur envie de reconversion[1] ?

Dès aujourd'hui, vous pouvez faire un pas de côté, prendre un peu de hauteur et observer la situation sous un nouvel angle. C'est le moment de trouver votre singularité, vos spécificités, votre marque de fabrique. Nul besoin d'avoir de grands moyens pour vous lancer. Vous pouvez commencer à faire des recherches sur Internet, vous former en ligne en suivant des Mooc ou des webinaires. Réjouissez-vous, leur nombre a explosé avec la généralisation du télétravail !

Construire votre itinéraire professionnel avec l'aide de mon livre vous permettra de passer du temps de l'insécurité à celui de la résilience. Je ne vous propose pas un parcours prédéfini, car chacun d'entre vous est unique.

1. Étude Maformation.fr (groupe HelloWork) réalisée entre le 30 septembre et le 25 octobre 2020 auprès de 1 185 actifs déclarant vouloir se reconvertir.

Je vous aide plutôt à trouver votre propre chemin, à prendre votre vie en main pour sortir du chemin tout tracé que vous avez suivi jusqu'à maintenant et à consolider votre avenir professionnel. Et cette prise de risque qui vous fait sortir de votre zone de confort vous donnera les outils pour affronter les prochaines crises avec beaucoup plus de confiance et d'assurance. Si vous savez anticiper, alors vous passerez d'un risque subi à un risque maîtrisé.

Car c'est aussi ce que je veux vous démontrer dans ce livre : nous pouvons tous anticiper et passer ces crises avec une certaine sérénité. Mon parcours professionnel a été semé d'embûches. Il y a dix ans notamment, mon entreprise s'est retrouvée en procédure de sauvegarde. Croyez-moi, je sais ce que c'est que le manque de visibilité sur l'avenir, les nuits blanches à ressasser et la peur de ne pas y arriver. Après avoir réussi à m'extraire de cette ornière, je me suis fait la promesse que cela ne m'arriverait plus jamais. Je ne prétendrai pas que la crise due à la Covid-19 n'a pas impacté l'activité de mon entreprise. Loin de là. Mais j'ai su rapidement mettre en place un plan d'actions pour garder l'entreprise à flots et assurer sa pérennité. J'ai baissé mon salaire de 30 %, ainsi que celui de mes associés. J'ai mis en place un dispositif de chômage partiel pour les autres collaborateurs et j'ai accepté le départ de ceux qui le souhaitaient. Le résultat ? Malgré une chute de 36 % de notre CA, notre trésorerie n'a pas baissé et nous n'avons pas eu à solliciter de prêt garanti par l'État (PGE).

En vous disant cela, je ne cherche pas à me vanter. Je ne me place pas au-dessus des autres. Je ne suis pas un être humain exceptionnel, un haut potentiel avec un QI de 160 ou un ancien sportif de haut niveau. Je suis un Français ordinaire, un mari, un père de famille, un chef d'entreprise comme tant d'autres. Comme vous, j'ai longtemps cru que le plus important dans un parcours professionnel était les diplômes. C'est ce que l'on nous fait croire n'est-ce pas ? Alors, pendant vingt ans de cours du soir, j'ai accumulé des diplômes pour les afficher sur mon CV. Jusqu'à ce que je comprenne que je devais plutôt découvrir mon potentiel et suivre ma passion. Cette méthode, je l'ai d'abord élaborée pour moi-même de façon empirique, puis je l'ai utilisée pour des centaines d'autres personnes que j'ai accompagnées en tant que coach et consultant. Vous trouverez les témoignages de certaines d'entre elles dans ce livre. Vous allez voir comment elles se sont transformées durablement en élaborant leur propre itinéraire professionnel. Certains parleront d'optimisme, pour moi il s'agit tout simplement d'un état d'esprit à vous forger durablement afin de pouvoir vivre facilement les saisons pauvres comme les saisons riches. Alors embarquez avec moi pour découvrir votre itinéraire et construire votre parcours professionnel !

Chapitre 1

Des marais salants aux talents latents

J'avais 10 ans et je voulais être avocat. Ma mère m'a dit : « Tu seras maçon comme ton père ! » Ça commençait mal. Je venais de rapporter mon bulletin scolaire à la maison. Mes notes étaient plutôt bonnes, trop bonnes pour ma mère pour qui je devais rester à ma place. Surtout ne pas bouger, ne pas essayer de s'élever, ne pas tenter de sortir de cette condition populaire qui nous collait à la peau depuis des générations. Voilà ce qu'elle me disait. Alors c'est ce que j'ai fait pendant les huit années suivantes. Je suis resté bien à ma place, je dirais même que je me suis endormi. J'ai hiberné, je n'ai pas bougé, pas rêvé, surtout pas. Je suis allé à l'école en dilettante jusqu'à la troisième. J'ai fait rire mes camarades en faisant le clown, en tournant mes professeurs en ridicule. Et puis pendant les grandes marées, j'allais pêcher les palourdes. Je vendais les coquillages et rapportais un peu d'argent de poche. Ça ne dérangeait pas mes parents que je sèche les cours, bien au contraire. À la fin de ma troisième, le directeur du collège a insisté auprès de ma mère pour que je passe au moins un BEP. En réalité, il pensait que je pouvais viser le bac C mais cette option était absolument inconcevable pour mes parents. J'ai ainsi gagné deux ans de sursis, deux années pendant lesquelles je suis allé en pension dans un établissement privé de Vendée que j'ai dû payer moi-même. Mais avant ça, j'ai dû travailler très dur tout l'été.

Je suis né en 1961 sur l'île de Noirmoutier. Pour nombre d'entre vous aujourd'hui, cette île évoque sans doute une destination de vacances. Mais à l'époque le pont n'existait pas et les touristes étaient rares. L'île aux mimosas se partageait entre les marais salants, les dunes de sable, les champs de pommes de terre et les forêts de chênes verts. Mon père a longtemps été agriculteur et saunier. Rejeton d'une famille de sept enfants, il n'a pas été gâté par la nature, le pauvre. Petit, faible et souffreteux, il voyait mal, entendait mal, avait des problèmes de dos. À la mort de son frère noyé en mer à 18 ans, il s'est retrouvé à trimer pour toute la famille. C'est ce que j'ai vu aussi toute mon enfance, mes parents suer sang et eau pour réussir à joindre les deux bouts. Quand je suis né, il faisait tellement froid que ma mère me mettait devant les vaches pour qu'elles me réchauffent avec leur souffle. Et quand elle allait travailler aux champs avec mes sœurs, elle me prenait avec elle dans une caisse à pommes de terre.

De mon père, je n'ai jamais été vraiment proche, mais nous partagions ces deux valeurs fortes : le travail et le courage. Je suis assez admiratif de cet homme qui a tant de fois chuté mais s'est toujours relevé, n'a jamais baissé les bras. J'ai tendance à penser que s'il avait reçu une éducation il aurait pu faire de grandes choses. La vie en a décidé autrement. Mais s'il n'a jamais su ni lire ni écrire, il était malgré tout un peu novateur. Quand le pont a été construit et que les touristes ont commencé à affluer, il a été un des premiers à tourner le dos à la récolte de sel pour monter un camping après avoir remblayé le marais salant. À l'époque, il fallait oser transformer son outil de travail pour se lancer dans une nouvelle activité qui débutait dans la région !

Notre vie de famille s'est organisée autour du camping l'été et du nouveau travail de mon père qui a décidé de devenir maçon pour gagner un peu plus. La location de terrains aux estivants permettait à mes parents de gagner quelque argent mais je voyais bien que la majorité des touristes nous méprisait. Ils nous prenaient pour des bouseux, presque des sous-hommes. Je le percevais dans la façon dont ils nous parlaient et je voyais aussi qu'ils essayaient toujours d'abuser de mes parents en négociant quelque chose au moment du règlement. J'ai gardé de cette période un véritable besoin de lutter contre la pauvreté et l'injustice. Malgré tout, parmi tous ces étés de camping, je conserve quelques bons souvenirs et des moments marquants aussi. Comme ce jour où le père de mon jeune ami Didier, qui venait camper chez nous chaque année, a dit à mes parents : « Il est pas con le p'tit Philbert, il est pas con... » Cela peut sembler anodin, mais j'ai gardé cela en tête jusqu'à aujourd'hui, cette reconnaissance de ma valeur que je n'ai jamais reçue de la part de mes parents. C'est sans doute à cet encouragement inattendu et inespéré que je me suis accroché pour tenir le coup durant les deux étés où j'ai dû travailler à temps plein. Mes parents m'avaient autorisé à continuer les études pour passer un BEP, à condition que je travaille tout l'été pour payer moi-même les frais de scolarité de l'école catholique. Imaginez travailler entre dix et quinze heures en soirée et la nuit dans une boulangerie-pâtisserie. Le travail était très fatigant, mais heureusement l'ambiance était à l'entraide. Après quinze heures de travail, il n'était pas rare d'en faire une de plus pour aider un collègue. Je n'ai jamais retrouvé ailleurs cette solidarité. Pendant deux mois, je n'ai pas eu un seul jour de congé. J'y suis même allé avec quarante de fièvre. J'ai terminé le travail le 31 août. Le 2 septembre je reprenais l'école pour passer mon BEP. J'étais épuisé.

Un coup terrible

Je n'ai pas eu mon BEP et à 18 ans je suis parti de la maison après un accrochage avec mes parents. J'ai quitté mon île pour Clermont-Ferrand, où j'ai travaillé chez

Michelin après avoir réussi un concours d'électricien. Toute ma vie tournait désormais autour de Michelin. J'étais logé dans un foyer de jeunes travailleurs qui appartenait à l'entreprise et même mes vêtements étaient lavés par Michelin. Être livré à moi-même m'a donné envie de me challenger. Depuis ce jour, j'ai toujours été animé d'un désir de revanche. En arrivant à Clermont-Ferrand, je me suis dit : « Je travaille et je passe mon permis. » Quatre mois plus tard, j'avais mon permis et ma voiture. Peu après, je suis parti à l'armée.

Après le service militaire, je suis allé m'installer à Nantes où travaillait ma future femme. Mais faute de poste d'électromécanicien dans les environs, j'ai repris un travail d'ouvrier à la chaîne dans une filiale de Renault. Rapidement, j'ai dépassé la cadence imposée et me suis fait rabrouer par mon chef et mes collègues. Sans doute pensaient-ils que je voulais me faire remarquer, que je faisais cela pour les impressionner. Loin de moi cette idée. J'avais 20 ans, j'étais en pleine forme physique et habitué à me tuer à la tâche. Tout simplement. Le travail à la chaîne, j'en ai vite fait le tour et j'ai voulu évoluer. J'ai été promu monteur de moule puis régleur. La suite logique de mon évolution devait me mener au service des méthodes qui conçoit et fournit les outils nécessaires à la production. En tout cas, c'est ce que projetait ma hiérarchie directe. Mais c'est là que les choses se sont gâtées. Car mon N + 3 a refusé l'idée de ma promotion. La raison invoquée ? Mon absence de diplôme. Peu importait le fait que je sois travailleur, courageux et volontaire. Tout ce qu'il voyait, c'était que je n'avais pas le bac. Alors que je me conformais parfaitement à ce que l'on attendait de moi, je n'ai pas été choisi pour ce poste. Non parce que je n'étais pas compétent – car je l'étais – mais uniquement parce que mes connaissances préalables n'avaient pas été validées par un diplôme. Ce fut un coup terrible.

Mais j'ai refusé de baisser les bras, je ne me suis pas replié sur moi-même et je n'ai pas renoncé. Sans doute aussi avais-je un peu pris conscience de ma valeur. Cet affront m'a donné plus de courage encore. Je me suis senti humilié et mon besoin de revanche en a été aiguisé. J'ai décidé de relever le challenge et d'obtenir un bac technique. Avec mes horaires décalés, c'était cependant un peu compliqué. J'ai donc choisi les cours par correspondance du CNED (Centre national d'enseignement à distance) pour pouvoir étudier aux heures qui me convenaient. Et je me suis organisé. Quand je prenais mon poste à l'usine, je m'arrangeais pour régler les machines de façon très précise. Elles tournaient toutes seules sans tomber en panne et cela me laissait le temps de réviser mes cours. Le contremaître et le chef d'équipe ne pouvaient rien me reprocher puisque j'accomplissais mon travail avec brio. Et déjà, même si je n'en avais encore aucune conscience, mes talents latents se laissaient deviner. Innovation pour régler les machines au plus juste et optimisation de l'organisation.

Je n'ai pas eu mon diplôme, car mes notes en mathématiques et en littérature ont été déplorables. Mais sur la foi de mon niveau bac et d'un test que j'ai réussi, j'ai été embauché en tant qu'inspecteur électricien par l'Apave, un organisme de contrôle réglementaire. Malheureusement, le même schéma s'est répété. Envie de progresser au bout de deux ans, suivie d'un refus de la hiérarchie à cause d'une absence de diplôme. Cette fois, on m'a opposé que je n'avais pas de BTS. Qu'à cela ne tienne, je me suis inscrit chez Educatel pour obtenir ce fameux sésame. Mais j'ai vite compris qu'à moins d'avoir un diplôme d'ingénieur, j'avais peu de chances de prétendre à un poste vraiment intéressant. J'ai donc suivi une nouvelle formation en gestion de production pour retourner en usine. C'est dans une filiale de Péchiney que j'ai été embauché. Pour moi, ce retour à l'usine portait une dimension très symbolique. Car je revenais, non pour reprendre un poste aux machines, mais dans un bureau. Une preuve incontestable de mon évolution.

Un vrai patron visionnaire

Après quatre années au même poste, l'envie d'avancer m'a démangé à nouveau. Vous devinez la suite ? À nouveau, il me manquait un diplôme pour ouvrir les portes de mon évolution professionnelle. J'ai encore décidé de prendre le problème à bras-le-corps et de suivre une formation de troisième cycle. Dans cette entreprise, je voyais au quotidien des gens très compétents qui végétaient depuis trente ans à des postes qui ne leur correspondaient pas parce qu'ils n'avaient pas le bon diplôme. Moi, je n'imaginais pas vivre cette vie-là, faite de frustration et de rancœur. Ou peut-être étaient-ils juste endormis, tout comme je l'étais moi-même pendant mes années collège…

Vous vous demandez peut-être comment j'ai pu suivre une formation de troisième cycle en organisation alors que je n'avais pas validé mon bac ? Il paraît que la chance sourit aux audacieux. Il faut croire que j'en suis la preuve vivante. Le Cnam de Nantes lançait ce cursus pour la première fois. On m'a demandé mon niveau d'études, j'ai fourni un document d'Educatel attestant de mon niveau bac et cela a suffi. Bien sûr, l'ensemble et la cohérence de ma carrière professionnelle ont également été pris en compte. J'ai donc suivi ce cycle de formation pendant deux ans. J'assistais aux cours le vendredi après-midi et le samedi matin. L'accord avec mon employeur était clair. Je devais m'acquitter de mon travail avant le vendredi midi si je voulais disposer de mon après-midi. Cette formation se soldait par un stage et l'écriture d'un mémoire. Péchiney m'a posé des conditions qui ne me convenaient pas. De toute façon, je n'avais aucun intérêt à rester là. Mon supérieur m'avait bien fait comprendre que je n'aurais jamais ma place dans le top management. Aujourd'hui encore, je me souviens de ses paroles exactes, tellement condescendantes : « Monsieur Corbrejaud, chez nous un ingénieur des Arts et Métiers est directeur de production, un ingénieur des Mines est directeur d'usine et un polytechnicien peut prétendre à être directeur de département. » Il était clair que je n'avais aucune chance d'évoluer. J'ai donc préféré décliner leur offre de stage et proposer mes services ailleurs. Grand bien m'en a pris car c'est chez Sermo Industries, un fabricant de moules métalliques dans le secteur automobile[1], que j'ai enfin rencontré un patron détecteur de talents. Sans plus de diplôme qu'un CAP, il possédait une véritable vision stratégique et managériale. Dans le cadre de mon stage, il m'a confié une mission d'élaboration de tableaux de bord pour améliorer l'organisation de chaque service et m'a promis une

1. On injecte ensuite du plastique dans ces moules métalliques pour fabriquer des objets.

prime si mes résultats étaient convaincants. J'avais quatre mois sans solde pour faire mes preuves. Pour une fois que l'on me faisait confiance, je me devais d'être à la hauteur. Il faut croire que le directeur a été convaincu par ma prestation, car il m'a ensuite embauché comme responsable qualité en me proposant un salaire dont le montant était quasiment le double de celui que je gagnais auparavant.

Reconnu et reconnaissant

Intégrer cette nouvelle entreprise représentait pour moi un véritable challenge, parce que le secteur de l'automobile était à l'époque en perte de vitesse et 10 % de l'effectif venaient d'être licencié. Ma stratégie personnelle d'amélioration continue m'a permis de participer grandement au développement de l'entreprise. J'ai en effet décidé d'obtenir un diplôme d'ingénieur. Une façon pour moi de disposer enfin de ces connaissances que l'on m'avait si souvent reproché de ne pas posséder. Et cette fois, pas besoin d'aller voir ailleurs pour faire mon stage de fin d'études, le patron me faisait confiance. J'ai ainsi pu réaliser mon mémoire sur la compétitivité chez Sermo Industries. Après deux ans de cours en formation continue, j'ai obtenu le saint Graal avec 17 de moyenne et un 18 pour mon mémoire. J'avais 40 ans, j'étais ingénieur sans avoir eu un BTS ni même le bac.

Mais vous vous doutez bien que je ne me suis pas arrêté là. Après le diplôme d'ingénieur, j'ai estimé qu'il me manquait des compétences en stratégie. J'ai donc suivi un cycle professionnalisant d'HEC. J'ai appris à fixer des objectifs et à manager une *business unit*, à aller plus loin pour développer une vision stratégique. Mon initiative a été récompensée par mon patron. Alors que j'avais financé moi-même cette formation, il a tenu à me la rembourser quand il a réalisé que mes nouvelles compétences apportaient beaucoup de choses à l'entreprise. Les activités de Sermo Industries n'ont fait que progresser pendant les six années où j'y ai œuvré en tant que responsable de la qualité, puis directeur de la compétitivité. De trois cents collaborateurs à mon arrivée, nous sommes passés à six cents. Le taux d'export a été multiplié par quatre et alors que nous étions leader français, nous sommes devenus leader européen. Durant la même période, le numéro 2 national coulait et nous le rachetions. Nous avons également obtenu un prix du management au niveau régional et sommes arrivés deuxième au niveau national. Sermo Industries est l'entreprise pour laquelle j'ai travaillé le plus longtemps car je m'y sentais reconnu, reconnaissant et redevable.

À LA RECHERCHE DES TALENTS LATENTS

Quand le patron est parti à la retraite, j'ai décidé de monter ma propre entreprise. En 1999, j'ai commencé comme consultant en qualité, auditeur et formateur. Après cinq ans à mon compte, j'ai choisi de faire évoluer mon offre de services vers le management en me faisant qualifier coach. C'est en coachant des managers que j'ai réalisé qu'ils étaient nombreux à stagner, à ne pas exploiter pleinement leurs compétences. Bien sûr, je savais de quoi il en retournait puisque j'avais vu et vécu la même chose. Tout au long de ma carrière en entreprise, je me suis opposé à l'ordre établi, j'ai contourné les règles pour réussir à déployer mon ambition, à imposer ma vision. Mais tout le monde n'avait pas la même motivation que moi ou simplement la même conviction portée par un esprit de revanche.

Un de mes associés s'est formé à l'utilisation des outils psychométriques, ces tests de personnalité qui permettent de détecter les caractéristiques et les aptitudes des individus. Je me suis moi-même soumis à plusieurs de ces tests. C'est à ce moment-là que j'ai compris que je n'exploitais pas ma plus grande richesse. Quand je parlais de mon parcours aux personnes que je coachais, elles le trouvaient inspirant et disaient que cela leur donnait de l'espoir. Moi, je savais que c'était faisable. Mais comment expliquer aux autres qu'ils pouvaient en faire autant ? Je n'ai rien d'un surhomme et je ne me présente pas comme tel. Je sais que les gens ordinaires peuvent faire des choses extraordinaires. J'en suis la preuve vivante. C'est ce que les tests m'ont révélé. J'étais bien sûr déjà un peu conscient de tout cela mais avec les tests, c'était écrit noir sur blanc. Alors que la capacité d'analyse a longtemps été au cœur de ma vie professionnelle, j'ai compris que c'était une de mes aptitudes les plus faibles. J'avais juste essayé de me conformer à ce que je pensais qu'on attendait de moi. En réalité, je suis plutôt entrepreneur, créatif et inspirant.

J'ai commencé à utiliser les tests psychométriques dans le cadre de mes coachings et les résultats ont été impressionnants. Aujourd'hui, avec toute la tribu Maâtura, nous avons à cœur de mettre en place les conditions favorables pour que chacun prenne conscience de ses ressources et devienne l'artisan de son propre développement. Toutes les personnes que j'ai accompagnées ont réussi leur évolution ou leur reconversion après avoir compris quelles étaient leurs véritables compétences, leurs atouts, leurs talents cachés. Ces talents latents qu'elles n'ont jamais vraiment pris en compte et encore moins développés car la société nous demande de nous focaliser uniquement sur les talents patents, ceux qui sont validés par les diplômes de l'Éducation nationale. Ces diplômes ont bien sûr leur importance. Mais comment faire si l'on est orienté vers une voie qui n'est pas la nôtre ? Comment réussir à sortir de sa zone de confort pour aller explorer ce qui nous correspond vraiment ?

J'ai eu envie d'aider les autres à répondre à ces problématiques. Évidemment, cela ne s'est pas fait en un jour. Mon esprit créatif m'a permis de concevoir des outils pour les pousser à évoluer. Je l'ai fait pour moi-même. Aujourd'hui, je veux aider les gens à se réaliser, à s'épanouir dans leur vie professionnelle. Je travaille sur le sujet depuis six ans, j'ai modélisé ma vision et déterminé un itinéraire composé de plusieurs étapes. Il vous permettra de tracer votre parcours en vous focalisant sur votre ambition. Pas celle que vous ont transmise vos parents et qui ne vous correspond pas. Je parle là de votre véritable ambition, celle qui fait battre votre cœur. Si je souhaite aujourd'hui partager avec vous mes découvertes au travers de ce livre, c'est parce que je suis intimement convaincu que le monde serait bien plus beau s'il était peuplé uniquement de personnes au fait de leurs compétences et qui les exploitent au mieux. Si vous avez envie de rebondir dans votre carrière, si vous cherchez votre métier idéal, si vous voulez façonner votre avenir, vous pouvez suivre pas-à-pas mon itinéraire pour prendre en main votre nouvelle vie professionnelle. Et si vous êtes manager, mon itinéraire peut vous aider à mieux faire grandir vos collaborateurs.

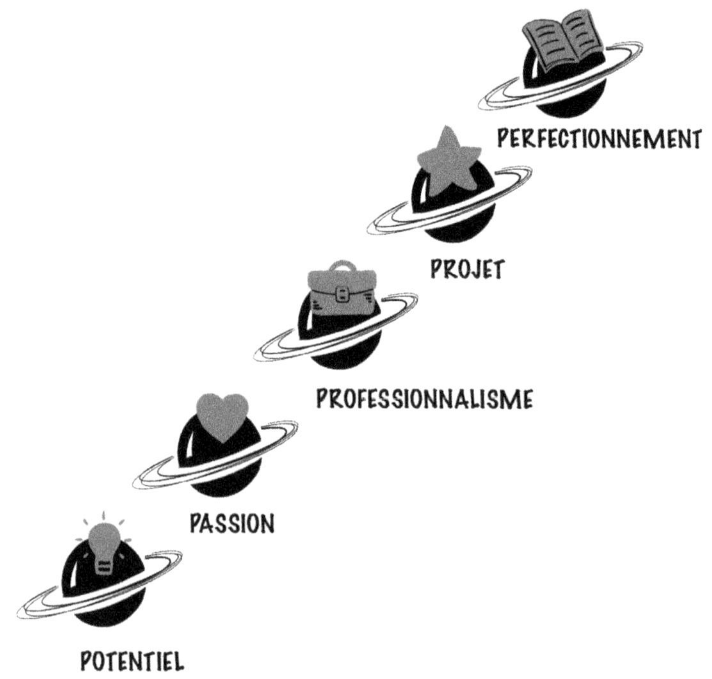

Je ne prétends pas que l'itinéraire que j'ai conçu est le meilleur et le seul que vous puissiez emprunter. Je sais juste qu'il est efficace et vous mènera là où vous serez en accord avec vous-même. Dans ce chapitre je vous ai raconté ma vie, mon parcours, en insistant sur les moments qui m'ont fait grandir et avancer. Bien sûr, mon chemin professionnel est aussi pavé d'erreurs et d'échecs. Il serait trop long et peu intéressant de revenir sur chacun d'eux. Mais selon moi, l'échec fait partie de la réussite. Pour se réaliser, il faut tenter de nombreuses expérimentations sans avoir peur de l'échec car c'est lui qui permet de s'ajuster. Cela me fait penser à cette citation de Nelson Mandela : « Je ne perds jamais : soit je gagne, soit j'apprends. » Alors, si vous décidez de suivre l'itinéraire que je vous propose et de tracer votre propre voie, n'ayez pas peur de faire des erreurs. Documentez-vous, expérimentez, approfondissez et vous trouverez. Vos talents latents ne demandent qu'à être révélés. Libérez-les !

Chapitre 2

Découvrez votre potentiel

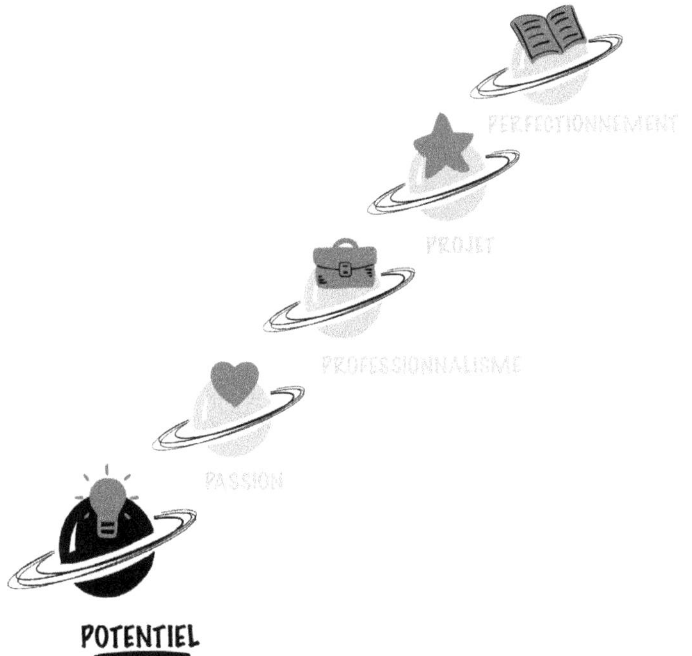

Jusqu'à l'âge de 40 ans, j'ai suivi un chemin professionnel qui me semblait être le bon. Il m'a mené de formations en nouveaux postes jusqu'à obtenir un diplôme d'ingénieur. Pour moi, le fils du saunier, cela équivalait au saint Graal. Mais ce chemin, est-ce vraiment moi qui l'ai choisi ? Si je devais être totalement honnête, à cette question, aujourd'hui je répondrais : « Non, pas vraiment. » Alors pourquoi ai-je travaillé d'arrache-pied pendant toutes ces années en réservant mes soirs et week-ends pour suivre des formations continues et obtenir des diplômes ? C'est simple ! Les diplômes sont très valorisés dans notre société. C'est même sur eux que repose la carrière de la plupart d'entre nous. Souvenez-vous quand vous étiez au lycée et même avant, dès le collège, on vous a rebattu les oreilles avec « LA voie royale », celle des sciences dures (mathématiques et physique) qui vous mènerait à tout, quoi que vous souhaitiez faire. Dans les années 1980 et 1990 c'était les écoles d'ingénieur qui avaient la cote. Maintenant, ce sont plutôt les écoles de commerce. Ainsi, nombreux sont les parents qui veulent aujourd'hui que leurs enfants fassent une école de commerce pour ne pas manquer le train de la « start-up nation ». L'autre injonction que nous renvoie la société, c'est la nécessité de l'ascension hiérarchique. Si vous voulez vraiment obtenir de la reconnaissance dans votre parcours professionnel, vous devez forcément devenir chef à un moment donné. Aujourd'hui que vous êtes adultes, réexaminez de près ces deux idées. Pensez-vous vraiment qu'il existe un chemin unique que nous devrions tous emprunter sous peine d'être relégués à des tâches subalternes, déconsidérées et sans intérêt ? Est-ce que cela vous semble logique ? Il n'y aurait donc qu'une seule façon de se réaliser professionnellement ? Cela n'a aucun sens, n'est-ce pas ? C'est pourquoi il est grand temps que vous exploriez votre véritable potentiel, ce que j'appelle vos talents latents. Car, comme le disait si bien le Mahatma Gandhi : « Le plus grand voyageur n'est pas celui qui a fait dix fois le tour du monde, mais celui qui a fait une seule fois le tour de lui-même. »

Depuis quelques années, les entreprises françaises mettent en place des stratégies de gestion de talents[1]. En 2019, elles étaient ainsi 71 % à avoir intégré cette dimension dans leur politique de ressources humaines[2]. Ce chiffre est en constante augmentation depuis plusieurs années. Malheureusement, il s'agit le plus souvent d'une vision très élitiste des « talents ». En effet, ces stratégies s'adressent essentiellement aux cadres (67 %) et hauts potentiels (68 %). Et cela ne va pas en s'améliorant. Ainsi en 2017, 44 % des entreprises françaises assuraient que leur stratégie de gestion de talents concernait tous leurs salariés[3]. Mais elles n'étaient plus que 22 % en 2019. Les entreprises estiment également qu'il est important de prendre en compte le potentiel de leurs collaborateurs. Mais pour elles, ce potentiel se traduit essentiellement par la capacité à prendre des nouvelles responsabilités (46 %), la capacité et la volonté d'évoluer (45 %) et la performance élevée (44 %). Les autres compétences, dont l'impact direct sur la productivité de l'entreprise est moins évident, ne sont pas considérées.

---

1. Dans le cadre du recrutement, de la formation, de la gestion de la performance et de la mobilité.
2. « La gestion des talents dans les entreprises françaises », étude Cornerstone/Féfaur, 2019.
3. *Ibid.*

Il faut que je vous avoue quelque chose. Quand j'étais directeur de la qualité totale et de la compétitivité chez Sermo Industries (le mouliste français leader européen pour les équipementiers de l'automobile), je n'allais pas vraiment bien. Certes, j'étais fier de ma fonction et de la reconnaissance sociale qu'elle m'apportait. Mais j'avais souvent la boule au ventre quand j'étais au bureau. Avec le recul, je dirais qu'à cette époque, j'étais véritablement en souffrance. Pourquoi ? D'une part, parce que mon travail au quotidien n'était pas en phase avec mon potentiel. Et d'autre part, parce que je n'ai pas réellement d'appétence pour manager d'autres personnes. J'aime travailler en équipe quand il s'agit d'expliquer, de convaincre. J'aime faire grandir mes collaborateurs en les aidant à révéler le meilleur d'eux-mêmes. Mais manager ce n'est pas seulement cela. Manager c'est aussi fixer des objectifs et surveiller qu'ils sont bien tenus. Cette partie-là du management ne m'intéresse pas. Si j'ai tenu aussi longtemps à des postes qui ne me convenaient pas totalement, c'est aussi parce que j'avais parfaitement intégré les valeurs de mon père (travail et courage) et les pensées limitantes qui vont avec. « Si ce qu'on fait n'est pas difficile et pénible, c'est qu'on ne travaille pas vraiment. »

À LA DÉCOUVERTE DES OUTILS PSYCHOMÉTRIQUES

Ma vie a commencé à changer quand je me suis mis à mon compte à l'âge de 40 ans. J'ai d'abord exercé en tant que consultant et auditeur dans le domaine de la qualité. Puis je suis devenu formateur et coach. Intuitivement, je me suis ainsi tourné vers les relations humaines. Mais c'est véritablement à 50 ans que j'ai eu la révélation et que je suis comme sorti du brouillard. J'imagine que cela va faire sourire certains d'entre vous. Vous vous dites : « 50 ans quand même, c'est un peu tard ! » Oui, c'est vrai ! Mais vous connaissez l'adage : « Mieux vaut tard que jamais ! » Je pense effectivement que si j'avais eu connaissance de tout cela plus tôt, j'aurais gagné vingt ans dans ma vie professionnelle. Et c'est la raison pour laquelle je souhaite aujourd'hui partager mon expérience avec vous. Pour que vous puissiez vous épanouir dans votre vie professionnelle plus rapidement que moi.

En 2008, l'un de mes associés m'a présenté les tests psychométriques. Ce que ces outils m'ont révélé est absolument stupéfiant. Leur objectif est de mettre en lumière les points forts et les limites de l'individu dans plusieurs domaines de compétences. Il s'agit donc là d'un bilan de potentiel alors que l'on a l'habitude de faire uniquement des bilans de compétences. Mon associé s'est formé à la méthode d'Insights Discovery. Cette démarche a attisé ma curiosité et j'ai moi-même souhaité découvrir cet outil psychométrique basé sur la psychologie de Carl Jung. Et puis, emporté par mon enthousiasme, j'ai testé plusieurs autres outils.

Voici les résultats du test Wave que j'ai réalisé. Particulièrement axé sur les motivations et les talents, Wave précise que *« le rapport fournit des indications sur les éléments contextuels susceptibles de faciliter ou de freiner la réussite d'une personne »*. On parle même de prédictions ! Mais Madame Irma n'a rien à voir là-dedans, car le rapport s'appuie sur une analyse solide des réponses apportées à une centaine de questions précises. Alors, que voit-on de ma personnalité dans le rapport Wave ? Voici quelques-uns des points les plus représentatifs et parlants :

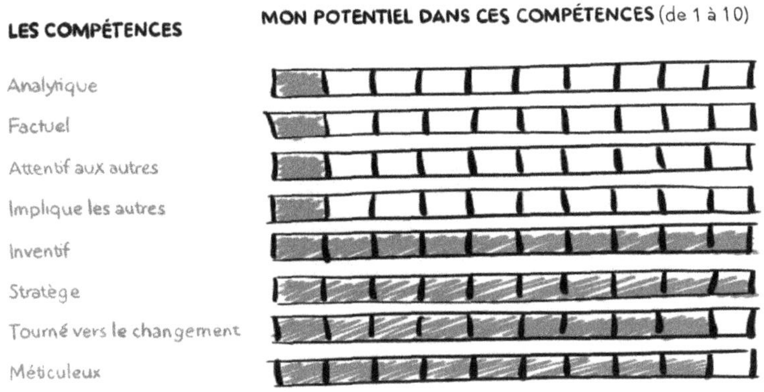

LES COMPÉTENCES | **MON POTENTIEL DANS CES COMPÉTENCES** (de 1 à 10)

Analytique
Factuel
Attentif aux autres
Implique les autres
Inventif
Stratège
Tourné vers le changement
Méticuleux

Mon sens de l'analyse est clairement au plus bas, alors même que cette compétence était au cœur du métier de qualiticien que j'ai exercé pendant des années. Cette souffrance quasi quotidienne au travail que je ressentais n'avait donc rien d'étonnant. Car je n'ai en réalité aucun potentiel dans cette compétence. Mes autres points faibles – « attentif aux autres » et « implique les autres » – se révèlent aussi dans mon manque d'appétence pour cet aspect du management. En revanche, je suis très inventif, stratège et tourné vers le changement. C'est ce qui m'a permis d'aller de l'avant et de franchir les différentes étapes de mon chemin professionnel.

Un deuxième test de Wave portant sur le rôle en équipe vient corroborer ce compte rendu. J'apparais clairement comme innovateur, battant et finisseur.

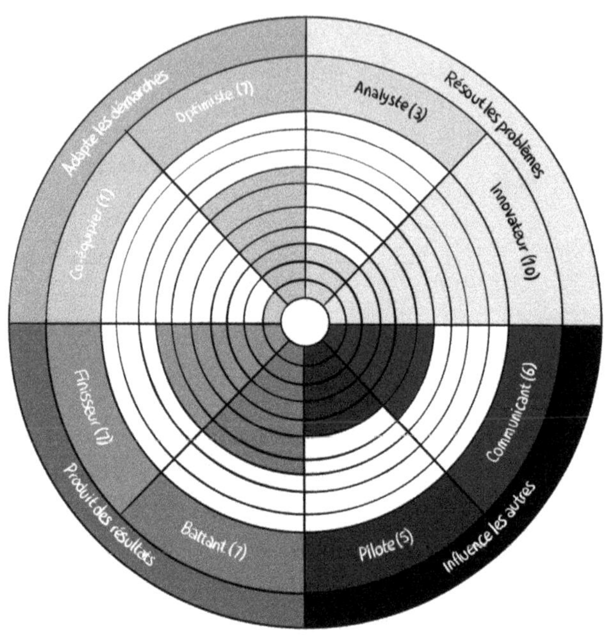

Les rôles	Mon potentiel dans ces rôles (noté de 1 à 10)
Analyste	3
Innovateur	10
Finisseur	7
Battant	7

Voici les descriptions que Wave donne de ces rôles :

- les Analystes utilisent leur réflexion et leur expertise pour analyser et évaluer l'information. Ils recherchent « la bonne réponse » ;
- les Innovateurs adoptent une approche créative pour résoudre les problèmes, et développent souvent des stratégies à long terme ;
- les Battants se mobilisent fortement pour obtenir des résultats ambitieux. Ils sont souvent pleins d'initiatives et ont l'esprit de compétition ;

- les Finisseurs sont centrés sur la réalisation des tâches, en assurant un haut niveau de qualité et en respectant les détails.

Tous les tests psychométriques que j'ai réalisés ont montré les mêmes forces et faiblesses de mon profil et m'ont permis de déterminer avec certitude mon potentiel. J'ai deux atouts qui peuvent paraître contradictoires : innovateur et finisseur. Un innovateur est quelqu'un qui va créer sans pour autant mettre en œuvre ce qu'il a créé. Un finisseur est quelqu'un qui met en œuvre ce qu'il n'a pas créé. Quand on combine ces deux atouts, on est en capacité de développer des projets et de les mener à bien. Cette découverte a changé ma vie. J'ai abandonné les pensées limitantes qui réduisaient mes possibilités d'action. J'ai cessé de m'obstiner dans une voie qui n'était pas la mienne et j'ai développé mes points forts. J'ai alors pu innover en toute confiance car je savais que mes qualités de finisseur et de battant me permettraient de mener à bien mes nouveaux projets. Un immense champ des possibles s'est ouvert à moi. Je me suis lancé dans la formation et les conférences.

Si je vous raconte tout cela, c'est parce que vous aussi vous pouvez prendre conscience de votre potentiel, qui est peut-être en sommeil depuis des années. Croyez-moi, si ce que vous faites au quotidien ne correspond pas à votre potentiel, vous risquez de vous épuiser et surtout de passer à côté du meilleur de vous-même. Je ne suis pas là pour vous dire quel itinéraire vous devez emprunter. Cela dépend de vous et notamment de la nature de votre potentiel. C'est à vous de le découvrir !

Comment découvrir votre potentiel ?

La première chose à vous dire pour découvrir votre potentiel est la suivante : malgré son étymologie (le mot « travail » vient du latin *tripalium* qui désignait un instrument de torture composé de trois pieux), le travail ne doit pas être synonyme de souffrance. La démarche que je propose s'adresse donc à vous si vous vous sentez épuisé, si vous avez déjà fait un burn-out, si vous avez envie de rebondir dans un nouveau secteur, si vous êtes confronté à du harcèlement ou de la discrimination sur votre lieu de travail, si à votre retour de congé maternité ou parental vous ne retrouvez pas votre motivation. Cette démarche s'adresse également à vous si vous n'avez pas de diplôme et souhaitez vous former. Quand vous cherchez un emploi, vous avez tendance à cibler uniquement en fonction des compétences que vous avez déjà acquises. Il y a fort à parier que certains d'entre vous se disent même qu'ils doivent trouver un job dans un secteur d'activité porteur. L'informatique et le Web ont le vent en poupe, alors vous décidez de vous former à des métiers correspondants. Cette stratégie est certes plus sécurisante financièrement, mais certainement pas pertinente.

Avant de choisir une voie professionnelle ou de poursuivre dans celle qui est la vôtre aujourd'hui, vous avez tout intérêt à identifier d'abord votre potentiel et ensuite votre passion (voir le chapitre suivant). Cela vous évitera de faire bien des erreurs. Si vous travaillez dans un domaine qui ne vous correspond pas, ma démarche va vous permettre de trouver vos talents latents et d'apprendre à les exploiter. Et si vous êtes sur la bonne voie, alors cela vous permettra sans aucun doute d'affiner votre regard sur votre parcours et votre avenir.

TÉMOIGNAGE

Mohamed, 41 ans, directeur technique et informatique

J'ai commencé ma carrière en tant qu'ingénieur, chef de projet, puis directeur de projet dans une entreprise de services informatiques. À 34 ans, j'ai rencontré Philbert qui cherchait un manager des systèmes d'information pour une entreprise régionale de transport. Le poste me semblait intéressant, mais travailler pour une PME régionale dans un domaine comme le transport ne m'excitait pas forcément. D'autant que ma première rencontre avec mon futur employeur avait été mitigée. En effet, la dimension familiale et opérationnelle de l'entreprise n'avait rien à voir avec ce que j'avais connu par le passé. La probabilité de réussir dans un environnement mouvant, peu structuré et peu normé, me semblait minime.

Après quelques échanges, tests et analyses, Philbert a réussi à me convaincre que j'avais le profil et le potentiel pour réussir à ce poste. Il a également réussi à convaincre le comité de direction de l'entreprise qui avait aussi des doutes sur ma capacité à m'adapter aux façons de faire de l'entreprise. Le 15 août 2014, j'ai intégré l'entreprise et continué à travailler avec Philbert jusqu'à la fin de la période d'essai. Deux ans plus tard j'ai repris, en plus de la direction informatique, la direction des achats, la direction technique puis la direction de la branche Afrique du groupe. Ma rencontre avec Philbert m'a permis de sortir de ma zone de confort et de découvrir mes talents cachés comme le leadership, la capacité à mobiliser les équipes et à piloter des négociations difficiles sur des dossiers stratégiques.

On me demande régulièrement pourquoi les talents des salariés sont si souvent cachés, voire même gâchés dans les entreprises. La réponse est simple : le recrutement est toujours réalisé selon le même processus. Les entreprises vous demandent un CV pour connaître vos diplômes et votre expérience professionnelle. Mais rien dans ce processus ne permet de distinguer votre véritable potentiel, c'est-à-dire ce dont vous êtes capable et que vous n'avez peut-être pas encore exploré. D'autant que le système scolaire a uniquement identifié votre potentiel intellectuel. Faire votre bilan de potentiel vous permettra de bien vous connaître en prenant également en compte vos principales capacités (relationnelles, émotionnelles, opérationnelles…) et de trouver la place qui vous convient vraiment :

- Le potentiel intellectuel se révèle dans la capacité à l'abstraction, la conceptualisation et la stratégie ;
- Le potentiel relationnel permet de faire preuve d'écoute, d'échanger et de partager facilement avec les autres et d'accepter différents points de vue ;
- Le potentiel émotionnel se manifeste via l'empathie, le fait d'être attentif aux autres et optimiste ;
- Le potentiel opérationnel transparaît au travers du sens pratique et du goût du travail bien fait.

Depuis quelques années, on entend beaucoup parler des fameuses *soft skills*. À côté du savoir-faire qui regroupe toutes les compétences techniques acquises dans le cadre scolaire ou au cours de formations professionnelles, on doit désormais prendre en compte ce savoir-être qui concerne les compétences comportementales. Et si les entreprises s'intéressent à ces compétences, c'est parce que leur univers subit une grande transformation. Imaginez que 85 % des emplois qui seront ceux de 2030 n'existent pas encore[1] ! De nombreuses tâches réalisées aujourd'hui par des collaborateurs seront optimisées grâce au numérique et à la robotisation. Face à cela, vous avez donc intérêt à vous adapter, à ne pas avoir peur de changer et d'évoluer.

---

1. « Realizing 2030 : a divided vision of the future », étude Dell Technologies & Institute for the Future, 2017.

Mais les *soft skills* sont-elles aujourd'hui réellement prises en compte dans les entreprises ? Une étude réalisée fin 2018 révélait que ces compétences sont intégrées dans les démarches des RH de seulement 37 % des entreprises, tandis que 45 % d'entre elles estiment les prendre en compte sans toutefois avoir formalisé quoi que ce soit[1]. Et quand on leur demande de quelle manière sont détectées les *soft skills* des candidats lors d'un entretien d'embauche, les responsables RH sont 27 % à estimer que cela est possible au moyen d'un CV. Ce qui semble totalement aberrant puisque le CV met en avant uniquement la formation et l'expérience du candidat et non pas son savoir-être. Par ailleurs, un CV ne prend absolument pas en compte le potentiel que le candidat n'a peut-être pas encore eu le temps ou la possibilité d'explorer.

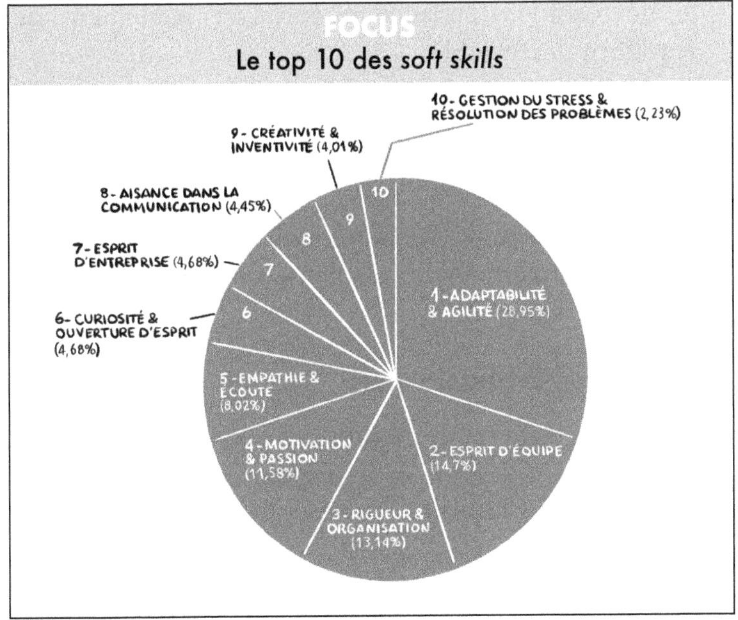

1. « Les *soft skills* », étude Monster, 2018.

Heureusement, les responsables RH sont aussi 35 %[1] à estimer que les tests de personnalité sont pertinents. C'est ce que je vous conseille également. Pour réaliser votre bilan de potentiel, vous pouvez utiliser les tests psychométriques. Il en existe de nombreux qui ont chacun leur intérêt et une méthode d'évaluation spécifique[2]. La majorité de ces tests s'appuie sur le modèle des « Big Five » développé dans les années 1980 par des psychologues américains. Ce modèle propose cinq grands traits de personnalité qui permettent de décrire chacun d'entre nous :

- l'ouverture ;
- la consciencieosité (ou conscience morale) ;
- l'extraversion ;
- l'agréabilité (ou amabilité) ;
- le névrosisme (tendance à éprouver facilement des émotions désagréables).

L'objectif n'est pas de classer les gens dans une des cinq catégories, mais d'évaluer l'importance de chacun de ces facteurs pour chaque individu.

Je vous recommande d'expérimenter plusieurs tests afin de valider et d'affiner les résultats. En voici quatre que je préconise souvent.

Wave Styles Professionnels

Cet outil est clairement mon préféré. Je me suis d'ailleurs formé à cette technique et je dispose d'une qualification pour faire passer les tests. Au-delà de votre personnalité,

---

1. « Les *soft skills* », étude Monster, 2018.
2. Vous trouverez la description de quarante-trois tests dans le livre *Révélez vos talents, cartographie des outils psychométriques de développement*, de Christopher James, Antoine Tirard et José Miguel Sepulveda (Éditions Liaisons, 2013).

Wave vous permet de mieux connaître vos motivations et vos talents. Les motivations sont ce qui vous fait avancer. Elles sont donc déterminées en explorant vos préférences. Quant aux talents, ils sont évalués en fonction de la perception que vous avez de vos propres comportements. Wave est utilisé par les entreprises dans le cadre de démarches d'évaluation en profondeur, de coaching, de mobilité interne, de recrutement à des postes clés ou d'orientation professionnelle.

Cet outil permet notamment d'identifier les points forts et les axes de progrès d'un candidat par rapport à un poste et d'analyser l'adéquation entre son profil et la culture de l'entreprise cible.

https://www.savilleconsulting.fr

MBTI (Myers Briggs Type Indicator)

C'est l'outil de personnalité le plus connu et le plus utilisé au monde. Cet outil permet d'identifier votre mode de fonctionnement naturel ou préféré : votre type psychologique. Il fait apparaître la manière dont vous percevez le monde et interagissez avec lui, en donnant un aperçu de vos motivations, de votre style de communication, de prise de décision, d'organisation.

Le MBTI présente deux niveaux d'approfondissement. Le niveau I identifie le type de personnalité de chaque individu, constitué de quatre préférences. Le niveau II approfondit chacune de ces préférences et fait apparaître la façon unique dont chaque individu exprime son type de personnalité. Il peut être appliqué à un grand nombre de problématiques RH telles que le développement managérial, la conduite du changement, la gestion des conflits et du stress, la cohésion d'équipe, la mobilité interne ou encore le coaching. Il est important de noter que le MBTI ne doit pas être utilisé dans le cadre d'une démarche de recrutement car il ne permet pas d'aborder les compétences d'un individu.

https://eu.themyersbriggs.com/fr-fr

L'enquête VIA

Cet outil se base sur des découvertes en sciences sociales datant du début des années 2000. Il s'appuie sur vingt-quatre forces de caractère. On y trouve la bravoure, la créativité, la curiosité, la justice, le pardon ou encore l'honnêteté. Ces forces sont classées dans six catégories de vertus universelles car on les retrouve dans toutes les cultures à travers le monde : la sagesse, la transcendance, la justice, le courage, l'humanité et la tempérance. Concrètement, chacun de nous dispose de ces vingt-quatre forces de caractère mais à des degrés différents et cette variation unique constitue notre personnalité positive.

VIA Institute on Character a développé cet outil en proposant plusieurs formules en fonction de ce que vous recherchez. La version gratuite de l'enquête VIA explore dans le détail les quatre à sept forces les plus représentatives de votre personnalité. Ce sont celles sur lesquelles vous devez vous concentrer car elles sont essentielles pour vous et vous les exprimez sans effort.

https://eu.themyersbriggs.com/fr-fr

Insights Discovery

Cet outil est particulièrement adapté au profil des commerciaux. Un outil spécifique dédié à l'efficacité commerciale a même été développé. L'objectif affiché de l'outil est de vous permettre d'améliorer la connaissance de vous-même, de comprendre les autres et d'optimiser vos relations professionnelles.

La méthodologie d'Insights Discovery utilise un modèle de quatre couleurs, simple et facile à mémoriser, afin de vous aider à comprendre votre propre style, vos forces et la valeur que vous apportez à votre équipe. La société qui a développé Insights Discovery se base sur les résultats du test pour proposer ensuite des formations visant à améliorer la performance.

https://www.insights.com/fr/

Je tiens à attirer votre attention sur le fait qu'Internet foisonne de sites et de blogs en tout genre qui copient les approches de ces tests reconnus. Ils prétendent pouvoir déterminer vos talents et vos défauts mais cela est réalisé de façon totalement aléatoire. Les résultats ne sont pas fiables, voire complètement faux. Si vous décidez d'utiliser les outils psychométriques, il est donc indispensable de vous référer à ceux qui ont été développés par des entreprises sérieuses et reconnues.

Chez Maâtura, pour aider nos clients à découvrir leur potentiel, nous avons également développé notre propre méthodologie. Elle s'appuie sur un jeu de cartes associé à l'outil Wave qui présente douze compétences clés à classer dans trois catégories : essentielles, importantes et souhaitables. Notre méthodologie permet ainsi d'identifier dans quelles compétences les collaborateurs ont le plus de potentiel. Nous avons l'habitude d'utiliser ce jeu de cartes dans le cadre d'un recrutement ou du coaching d'un collaborateur que l'entreprise souhaite faire évoluer. Et les résultats sont souvent très surprenants. Ce jeu de cartes sur le potentiel permet notamment au recruteur d'affiner un profil de recrutement et de préciser une fiche de poste. Du côté du candidat, il est utile également car il permet de bien déterminer son potentiel pour être sûr de postuler pour le poste qui lui correspond vraiment[1].

FOCUS

La méthodologie Maâtura

Le jeu de cartes Wave que nous utilisons comporte douze cartes à classer dans trois catégories : compétences essentielles, importantes ou souhaitables. Utilisé dans le cadre d'un recrutement, il permet de mettre en lumière les concordances et les divergences entre les attentes de l'employeur et celles des candidats. Le recruteur ne montre pas son jeu de cartes aux candidats. Ces derniers ne peuvent donc pas s'adapter et tricher en essayant de calquer leurs réponses sur celles du recruteur.

Voici l'exemple flagrant d'une mission de recrutement pour laquelle j'ai travaillé. Le recruteur était un directeur technique qui souhaitait embaucher une personne expérimentée, mais sans rôle de manager, pour faire de la recherche dans son laboratoire.

Voici le classement de cartes du recruteur :

Essentielles	Importantes	Souhaitables
Évaluer les problèmes	Innover	Faire preuve de leadership
Chercher des solutions	Traiter les détails	Communiquer des idées
Structurer les tâches	S'adapter au changement	Apporter son soutien
Se mobiliser pour réussir	Se montrer résilient	Développer des relations

Voici le classement de cartes du premier candidat qui avait quinze ans d'expérience :

Essentielles	Importantes	Souhaitables
Faire preuve de leadership	Innover	Évaluer les problèmes
Structurer les tâches	Traiter les détails	Chercher des solutions
Apporter son soutien	S'adapter au changement	Développer des relations
Communiquer des idées	Se montrer résilient	Se mobiliser pour réussir

1. Pour retrouver les jeux de cartes Maâtura et Wave : www.philbertcorbrejaud.fr/livre-outils-articles

Voici le classement de cartes du deuxième candidat qui avait cinq ans d'expérience :

Essentielles	Importantes	Souhaitables
Innover	Structurer les tâches	Apporter son soutien
Évaluer les problèmes	Traiter les détails	Communiquer des idées
Chercher des solutions	S'adapter au changement	Développer des relations
Se mobiliser pour réussir	Se montrer résilient	Faire preuve de leadership

Lors de l'entretien, le premier candidat – qui avait quinze ans d'expérience – s'est révélé le plus mature. Il avait tous les arguments pour répondre aux exigences du poste. Cependant, lorsqu'il a positionné ses cartes, nous avons réalisé que sa préférence allait au leadership. Quand on compare le jeu de cartes du recruteur et celui du premier candidat, on voit à quel point ils sont divergents concernant les compétences essentielles. Ce candidat très expérimenté avait clairement envie d'évoluer vers un poste de manager. Mais son ambition n'a pas été discutée lors de l'entretien, puisque le recruteur ne souhaitait pas lui confier cette mission de management, même à plus long terme. S'il avait été embauché, il y a donc fort à parier que ce candidat aurait été parfait pendant sa période d'essai, mais que des tensions seraient apparues par la suite. Le directeur technique n'ayant pas l'intention de le faire évoluer, le candidat ne se serait pas épanoui dans ce poste.

Regardons maintenant le jeu de cartes du deuxième candidat. Il a beaucoup moins d'expérience, mais le positionnement de ses cartes correspond bien mieux aux attentes du recruteur. Ce candidat n'était pas attiré par un rôle de leadership. Il était vraiment bien dans son rôle de technicien de recherche. Lors de l'entretien il est apparu comme quelqu'un de moins mature que le premier candidat. Si nous n'avions pas utilisé le jeu de cartes, il aurait vraisemblablement été écarté. Finalement c'est ce deuxième candidat qui a été recruté et il est toujours en poste actuellement.

Après avoir découvert votre potentiel, vous pouvez commencer par vous assurer que le métier que vous exercez ou le domaine d'activité dans lequel il se trouve sont vraiment faits pour vous. Vous pouvez également évaluer votre compatibilité avec le métier de vos rêves dans lequel vous n'avez pas encore eu le courage de vous lancer. Comment ? En vérifiant que les compétences nécessaires sont bien en accord avec votre potentiel. Pour cela, vous pouvez par exemple explorer les fiches métiers sur les sites de Pôle Emploi[1] et de l'Apec. Sur le site de l'Apec elles sont classées par secteur d'activité (informatique, santé, social, culture, production industrielle, ressources humaines...). Pour chaque métier, les compétences techniques et les aptitudes professionnelles sont précisées. Par exemple, si vous songez à vous reconvertir dans le secteur porteur de l'informatique en tant que développeur web mais que votre bilan de potentiel a montré que vous ne possédez pas vraiment d'aptitude pour la créativité, la polyvalence et l'adaptabilité, alors mieux vaut passer votre chemin. En effet, ces trois compétences sont indispensables pour ce poste. Si vous vous engagez dans cette voie, vous risquez donc de vous ennuyer, de ne pas vous épanouir, de ne pas vous sentir en accord avec ce que l'on vous demande ou de ne pas pouvoir répondre aux attentes de votre employeur. En tout cas, une chose est certaine, vous n'excellerez jamais à ce poste. En clair, vous passerez à côté du meilleur de vous-même. Réaliser un bilan de potentiel vous permettra ainsi de trouver le poste qui est fait pour vous et qui vous permettra de vous épanouir. Je ne prétends pas que vous allez adorer cent pour cent de votre temps de travail, mais vous ne le verrez jamais plus comme un *tripalium*.

1. Chez Pôle Emploi, les fiches métiers sont regroupées au sein du répertoire ROME (répertoire opérationnel des métiers et des emplois).

Sortez de votre zone de confort

Je sais que certains d'entre vous pensent qu'ils n'ont pas le choix et qu'ils sont bloqués dans leur situation. Vous êtes peut-être un parent élevant seul ses enfants ? Ou vous avez pris le premier job que vous avez trouvé parce que vous n'avez aucun diplôme ? Je ne suis pas un utopiste et je ne prétends pas que ma démarche est la solution à tous vos problèmes. Cependant, je pense que quelle que soit votre situation, il est possible d'appréhender sous un autre angle l'impasse dans laquelle vous vous trouvez. Peut-être devez-vous seulement tourner la tête pour voir qu'il y a un embranchement à quelques mètres de là. Vous ne pouviez pas le remarquer tant que vous regardiez fixement devant vous. Prenez d'abord conscience que vous avez le choix, puis prenez-vous en main et expérimentez. Faites les tests de potentiel en ligne. Certains ne coûtent que 50 euros.

Vous n'aimez pas votre job alors qu'un autre poste dans l'entreprise vous intéresse ? N'hésitez pas à en parler avec votre N + 1. Si vous n'avez pas les compétences techniques requises, demandez une formation et si on vous la refuse, formez-vous de votre côté. Il existe aujourd'hui de nombreux Mooc mis en ligne par les universités du monde entier. Si un métier ou un poste en particulier vous fait rêver depuis de nombreuses années, développez votre réseau professionnel dans ce domaine d'activité. Sur LinkedIn, contactez des personnes qui exercent ce métier et demandez-leur d'échanger avec elles par téléphone ou même de les rencontrer. N'hésitez pas, la majorité des gens sont flattés qu'on s'intéresse à eux et aiment bien parler de ce qu'ils font. Vous pourrez ainsi leur poser toutes les questions que vous voulez et mieux cerner ce métier qui vous fait envie.

Si vous occupez un poste qui ne vous plaît pas dans une entreprise, ayez le courage de sortir de votre zone de confort et de saisir au vol les opportunités qui se présentent à vous. Vous pouvez par exemple proposer à votre patron de développer bénévolement un projet en rapport avec le poste que vous visez dans l'entreprise. Cela vous semble peut-être stupide de travailler plus, sans demander d'augmentation. Mais vous avez le choix de voir cette situation sous un autre angle. Pendant que votre patron vous exploite – car c'est bien le cas, je ne prétends pas le contraire – vous vous perfectionnez et mettez en œuvre tout votre potentiel et vos talents cachés. Si ce projet est une réussite, libre à vous ensuite de rester dans la même entreprise ou de postuler dans une autre, fort de vos nouvelles compétences acquises sur le terrain. Aurez-vous alors toujours l'impression de vous être fait exploiter ? N'oubliez pas que la chance sourit aux audacieux.

TÉMOIGNAGE

Anne-Claude, 49 ans, dirigeante associée de Maâtura

J'ai passé un bac sciences médico-sociales pour répondre au désir de mes parents qui me voyaient infirmière. De mon côté, j'avais surtout une appétence pour le métier d'assistante sociale, mais exercer ce métier à seulement 19 ans était peu réaliste. Je me suis orientée vers la psychologie tout en travaillant en parallèle au CHU de Nantes. Une belle rencontre avec le DRH de l'hôpital pendant mon année de licence m'a définitivement poussée vers les ressources humaines. Après un master en ressources humaines, j'ai acquis de l'expérience en tant qu'assistante formation, gestionnaire administrative des RH, gestionnaire de paie, responsable du recrutement, puis responsable RH pour un groupement d'employeurs.

Au bout de six mois, le conseil d'administration m'a confié la direction de cette structure. En difficulté à mon arrivée, elle comptait 20 salariés et une dizaine de clients. Après treize ans, elle était passée à 180 salariés et 130 clients. Mais la routine s'était installée. J'avais envie d'intégrer une dimension bilan de compétences et coaching pour aider les collaborateurs à évoluer. Malheureusement, le conseil d'administration ne voyait pas l'intérêt d'innover dans ce sens, alors que la rentabilité de la structure était bonne.

J'ai utilisé un outil psychométrique basé sur le RIASEC pour mieux appréhender mes compétences. Il a confirmé certaines de mes forces que je connaissais déjà intuitivement, telles que la capacité à soutenir et à accompagner les autres. En 2013, j'ai quitté mon poste de direction pour me former aux techniques de bilan de compétences, de coaching et à l'outil Process Communication. Puis j'ai rejoint Philbert au sein du cabinet Maâtura pour travailler avec lui sur les talents latents et l'évaluation des candidats.

Philbert, qui a su détecter mon potentiel, n'a pas manqué de faire le lien entre ce que je fais aujourd'hui et mes appétences de jeune femme qui voulait être assistante sociale pour aider les autres à évoluer et à avancer. Désormais, je parle des RH comme des « richesses humaines » et non pas comme des « ressources » qu'on exploite.

Si vous ne souhaitez pas faire de bilan de potentiel car cela vous semble trop complexe, vous pouvez adopter une méthode plus approximative en utilisant notre méthodologie associée au jeu de cartes Wave. Pour cela, il vous faudra mettre votre entourage à contribution. Demandez à trois personnes proches et objectives de classer vos compétences potentielles par rapport à votre projet professionnel (évolution, nouveau poste, reconversion, mutation…) selon les trois catégories : essentielles, importantes et souhaitables. Les compétences classées dans une même catégorie par les trois personnes ont de fortes chances de définir réellement votre potentiel. Et si les classements de ces trois personnes sont vraiment différents, il est intéressant de vous interroger sur ces écarts de perception. À quoi sont-ils dus d'après vous ?

Voici un autre cas concret très parlant qui montre à quel point le potentiel des candidats est trop souvent ignoré dans le cadre des recrutements. Deux jeunes hommes qui n'ont pas encore d'expérience professionnelle souhaitent évoluer dans une activité commerciale au sein d'une concession automobile. Leur profil est différent : Sébastien détient un BTS de commerce automobile tandis que Kevin a obtenu un CAP en mécanique automobile.

Examinons maintenant les résultats du test de potentiel :

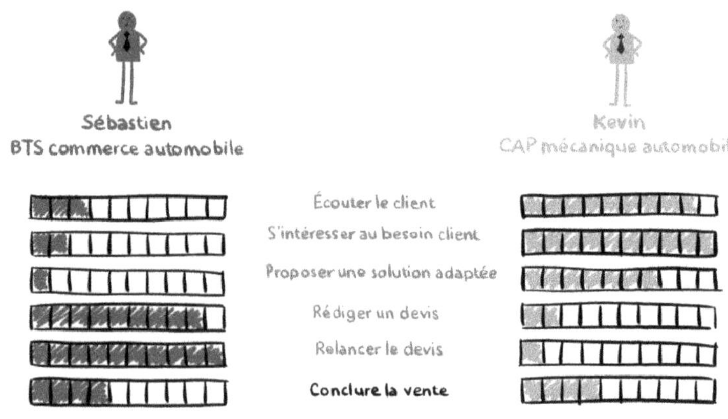

Pour tous les deux, la capacité spécifique à « conclure une vente » est de 4/10. Cela est tout à fait normal puisqu'ils n'ont, ni l'un ni l'autre, d'expérience professionnelle.

Regardons dans le détail le profil de Sébastien : il a une bonne aptitude à rédiger un devis et à faire une relance téléphonique d'un client (des compétences au cœur de sa formation) mais il n'écoute pas suffisamment son client et cela ne favorise pas la vente.

Regardons maintenant le profil de Kevin : il n'a pas une bonne aptitude à rédiger un devis et à faire une relance téléphonique d'un client (ces compétences ne faisaient pas partie de sa formation). En revanche, il a une capacité naturelle à écouter les besoins du client et à lui proposer la solution adaptée.

Que pouvons-nous en conclure ? Il sera plus facile pour Kevin d'évoluer dans une activité commerciale, car le relationnel fait déjà partie intégrante de son type de personnalité. Il est naturellement porté sur l'écoute et la communication. À l'inverse, ce sera plus difficile pour Sébastien, car il devra changer son type de personnalité et intégrer de nouvelles compétences qu'il ne maîtrise pas du tout pour l'instant. Cela ne veut pas dire qu'il ne pourra pas exercer une activité commerciale. Mais il serait préférable, du moins dans un premier temps, qu'il joue un rôle plus adapté à sa personnalité dans l'administration des ventes par exemple. Vous remarquerez que cette décision va totalement à l'encontre de ce que le recruteur aurait pu conclure s'il s'était basé uniquement sur les diplômes des deux candidats. C'est exactement pour cela que je préconise toujours un bilan de potentiel dans le cadre d'un recrutement.

Cet exemple révèle clairement que le potentiel de chacun d'entre nous s'appuie sur plusieurs aspects : notre personnalité, notre caractère, ainsi que nos valeurs. Autant d'éléments que vous devez prendre en compte dans le cadre du métier ou du travail que vous choisissez. Si vous avez un caractère de fonceur et que vous recherchez un poste sédentaire, vous allez sans aucun doute, à terme, rencontrer des difficultés. Même chose si vous êtes innovateur et optez pour un poste d'analyste, ou si vous avez des valeurs d'équité et travaillez dans une entreprise à but purement lucratif. Le décalage finira toujours par se faire sentir et vous aurez du mal à vivre sereinement cette expérience professionnelle. Bien vous connaître vous aidera à trouver la bonne place. Et choisir un travail en cohérence avec votre potentiel vous permettra de stimuler votre capacité d'adaptation, votre persévérance et d'augmenter votre confiance en vous-même.

La découverte de votre potentiel n'est que la première étape de ma démarche. Cerner vos aptitudes n'est en effet pas suffisant. Il s'agit du premier pas de votre itinéraire personnel. Pour exploiter au mieux votre potentiel, vous devrez ensuite explorer votre passion et développer votre professionnalisme. Il vous faudra aussi clairement déterminer votre projet professionnel. Vous pourrez alors consolider vos compétences et en acquérir de nouvelles grâce à un plan d'actions de perfectionnement.

Chapitre 3

Reconnectez-vous à votre passion

Avez-vous remarqué que, lorsqu'on aborde le sujet de la passion dans le cadre professionnel, on se frotte généralement à deux écoles ? D'un côté, il y a ceux qui vous disent : « Suivez votre passion et vous arriverez forcément au bon endroit. » De l'autre, les plus pessimistes pensent que si vous suivez votre passion vous êtes à peu près certain de vous planter car votre patron ou vos clients n'ont pas besoin de votre passion, mais plutôt que vous répondiez à leurs besoins. Ces deux visions sont un peu extrémistes, vous ne trouvez pas ? Selon moi, une bonne dose de passion est indispensable si vous voulez vraiment vous épanouir dans votre vie professionnelle. Elle est nécessaire oui, mais pas suffisante ! Dans l'itinéraire que je vous propose de suivre, elle représente une des cinq étapes majeures que j'ai déterminées.

Mais il est d'abord utile de se demander ce qu'est la passion. Car chacun d'entre nous a sa propre définition en tête. Peut-être que la première image qui vous vient quand on vous dit que quelqu'un a suivi sa passion c'est celle d'une personne qui plaque tout, travail et famille, et fait voler en éclats tous ses repères. C'est une façon de voir les choses et vous pouvez agir de la sorte, mais vous n'êtes pas obligé. Pour moi au contraire, la passion est quelque chose que nous avons bien chevillé au corps. Elle reste souvent cachée même, tout au fond de nous car la société dans laquelle nous vivons ne nous encourage pas à la prendre en compte et à la développer, en tout cas pas dans le cadre professionnel. La passion est en effet souvent rangée du côté des loisirs et on consent à parler de passion uniquement pour les artistes. Comme si dans notre vie, nous étions censés avoir d'un côté, notre travail et de l'autre, notre passion. Et si nous réunissions les deux ? Est-ce que vous ne pensez pas que ce serait la meilleure façon d'être épanoui dans son travail ? On le voit bien chez ceux qui ont déjà suivi cette voie de la réunification, comme de nombreux chefs d'entreprise ou chefs de cuisine, puisque la cuisine est revenue sur le devant de la scène depuis quelques années. Ils font bien plus qu'être simplement compétents, ils recherchent l'excellence. La différence est de taille, n'est-ce pas ? Alors laissons tomber l'ambition sociale pour un moment et cherchons plutôt la passion.

Car le constat général sur la santé des collaborateurs dans les entreprises est alarmant. Les consultations pour cause de souffrance au travail et notamment de burn-out n'ont fait qu'augmenter au cours des dernières années. Cause ou conséquence, l'engagement des salariés vis-à-vis de leur travail est très bas. Selon une étude de Gallup parue en 2017, en France, ils sont 25 % à avouer être activement désengagés et 69 % à reconnaître qu'ils ne sont pas engagés. Au total, ce sont ainsi 94 % des salariés français qui ne sont pas enthousiastes dans le cadre de leurs fonctions et sur leur lieu de travail. Et nos compatriotes ne sont évidemment pas les seuls. Les salariés du monde entier sont désengagés et le font savoir (voir le focus). Cette étude de Gallup a fait l'effet d'une bombe dans le monde du travail. En effet, comment imaginer qu'une entreprise puisse être productive et compétitive dans ces conditions ?

FOCUS

L'engagement des salariés dans leur travail[1]

	Engagés	Pas engagés	Activement désengagés
France	6 %	69 %	25 %
Monde	15 %	67 %	18 %

Engagés : les employés sont hautement impliqués et enthousiastes dans le cadre de leurs fonctions et sur leur lieu de travail. Ils sont psychologiquement impliqués, génèrent de la performance et de l'innovation et ils font avancer l'entreprise.

Pas engagés : les employés sont psychologiquement détachés de leur travail et de leur entreprise. Parce que leur besoin d'engagement n'est pas satisfait, ils investissent du temps – mais pas d'énergie ni de passion – dans leur travail.

Activement désengagés : les employés ne sont pas seulement malheureux au travail, ils sont frustrés que leurs besoins ne soient pas satisfaits et ils expriment leur mécontentement. Chaque jour, ces salariés sapent potentiellement ce que leurs collègues engagés accomplissent.

Ce que souligne l'étude dans sa définition des personnes non engagées, c'est bien leur manque d'énergie et de passion. Si les employés ont longtemps fait leur travail par simple devoir, il apparaît clairement que cela ne suffit plus. Ma génération et les précédentes ont travaillé en ayant en ligne de mire essentiellement le succès et l'argent. Mais le marché du travail a bien évolué et les crises économiques sont passées par là. Aujourd'hui, les Milléniaux[2] en quête de sens sont de plus en plus nombreux à quitter

1. « State of the Global Workplace », étude Gallup, 2017. À ce jour, aucune autre étude aussi complète n'a été réalisée.

2. Les Milléniaux (*Millenials* en anglais), ou génération Y, regroupent l'ensemble des personnes nées entre le début des années 1980 et la fin des années 1990 (source : Wikipedia).

des emplois dans lesquels ils ne se reconnaissent pas pour évoluer vers un domaine plus en phase avec leurs valeurs. Moins formatés que leurs parents, plus libres, ils se sentent désormais moins redevables envers les entreprises qui sont bien peu nombreuses à pouvoir leur assurer la sécurité de l'emploi. Dans le cadre de leur vie professionnelle, leur objectif est de faire quelque chose qui leur plaît vraiment, pas uniquement gagner de l'argent pour consommer plus. À mon avis, ils ont tout compris et il y a fort à parier qu'ils seront plus épanouis dans leur vie professionnelle que leurs propres parents.

Vous avez tout à y gagner !

Si vous faites aussi ce constat et réalisez que vous n'êtes pas passionné par votre travail, vous devez d'abord vous poser quelques questions pour comprendre la cause de ce « désamour ».

- Étiez-vous auparavant passionné par votre travail ? Si la réponse est non, il est peut-être temps de trouver votre voie, qu'en pensez-vous ?
- Mais si la réponse est oui, alors que s'est-il passé ?
- Est-ce qu'il n'y a plus rien à approfondir dans ce domaine ?
- Est-ce que ce qu'il y a encore à approfondir ne vous intéresse pas ?
- Estimez-vous avoir fait le tour du sujet ?
- L'idée d'abandonner ce travail vous procure-t-elle une sensation de lourdeur, de panique ou au contraire de légèreté ?

Prenez le temps de répondre en toute franchise à ces questions essentielles. Posez-vous et prenez des notes.

Car écrire est déjà une façon de passer à l'action en formalisant sa pensée et en organisant ses idées. Et surtout ne culpabilisez pas. Si vous réalisez que votre emploi ne fait aucun sens pour vous, rassurez-vous, vous n'êtes pas seul. Un Français sur cinq estime en effet qu'il occupe un *bullshit job*[1]. En anglais, *bullshit* veut dire « connerie ». Tout est dit dans cette expression. Un *bullshit job*, c'est clairement un emploi inutile, dont on ne perçoit pas le sens. En clair, un job à la con. Si c'est l'impression que vous avez, alors il est grand temps de changer pour trouver un nouveau job qui vous passionne.

Il existe de nombreux moyens de redonner du sens à sa vie professionnelle. Vous pouvez bien sûr amorcer une grande transformation en choisissant de changer de métier ou de lancer votre propre activité. Mais votre décision n'a pas nécessairement besoin d'être aussi radicale. Pour aller à la rencontre de votre passion, vous pouvez tout simplement trouver un nouveau poste dans la même organisation ou faire le même travail dans un autre domaine d'activité. Vous avez également la possibilité de choisir un type d'organisation différent en passant du secteur privé au public, ou en travaillant pour une ONG.

Quel que soit votre choix, vous pouvez être certain que cette évolution vers un nouveau poste dans le champ de votre passion vous apportera plus de joie et d'enthousiasme au quotidien. Et vous en verrez également les effets secondaires sur les personnes qui vous entourent car les passionnés entraînent souvent les autres avec eux dans un cercle vertueux. Si vous êtes manager dans une entreprise, vous avez aussi tout intérêt à ce que vos collaborateurs

1. « Le sens au travail », étude Randstad, 2019.

soient passionnés par ce qu'ils font et donc plus engagés. L'entreprise y gagnera bien sûr car une augmentation de l'engagement des salariés a un impact direct sur la productivité (+ 17 % en moyenne[1]). Concrètement, cet engagement se traduira notamment par plus de qualité, d'innovation, de créativité, de compétitivité. Par ailleurs, il permettra de réduire l'absentéisme, le turnover ou encore les accidents du travail.

J'aimerais vous présenter un outil très utile qui vous aidera à déterminer pourquoi vous n'êtes plus engagé dans votre travail en identifiant les différentes catégories de causes possibles. Car c'est en repérant toutes les causes que vous finirez par discerner LA cause profonde. Il s'agit du diagramme de causes et effets, qu'on appelle aussi diagramme d'Ishikawa. Il a d'abord été développé pour évaluer la gestion de la qualité dans les entreprises. C'est par ce biais-là que je l'ai connu. Mais il peut également être utilisé dans le cadre d'un brainstorming ou pour visualiser de façon synthétique les causes d'un problème. Concrètement, ce diagramme présente la situation à analyser sous cinq aspects différents. Ce sont des catégories de causes qu'on appelle les 5M[2] :

- Matière : les matières, matériaux utilisés et entrant en jeu, et plus généralement les entrées du processus.
- Matériel : l'équipement, les machines, le matériel informatique, les logiciels et les technologies.
- Méthode : le mode opératoire, la logique du processus et la recherche et développement.

1. « State of the Global Workplace », étude Gallup, 2017.
2. https://fr.wikipedia.org/wiki/Diagramme_de_causes_et_effets

- Main-d'œuvre : les interventions humaines.
- Milieu : l'environnement, le positionnement, le contexte.

Nombreux sont les professionnels qui font ce constat : « Je stagne dans mon travail. » Si vous êtes actuellement dans cette situation, sachez que le diagramme d'Ishikawa peut vous être d'une grande utilité. La première question à vous poser est la suivante : quel est l'effet (c'est-à-dire la conséquence) de cette stagnation ?

Ensuite, il vous faut déterminer l'ensemble des causes responsables de cet effet. Les cinq catégories de causes permettent de lister toutes les causes possibles. Aux 5M vous pouvez ajouter deux autres catégories de causes que sont le Management et la Monnaie pour prendre en compte l'aspect financier. Mais le plus important est d'adapter ces catégories en fonction de votre métier, du contexte et de la problématique. Approfondissez chacune des causes jusqu'à la racine en utilisant la méthode des « 5 Pourquoi » (voir plus bas). Cela vous permettra de connaître la cause profonde de votre situation.

Voici un exemple concret d'utilisation du diagramme d'Ishikawa :

LE DIAGRAMME D'ISHIKAWA

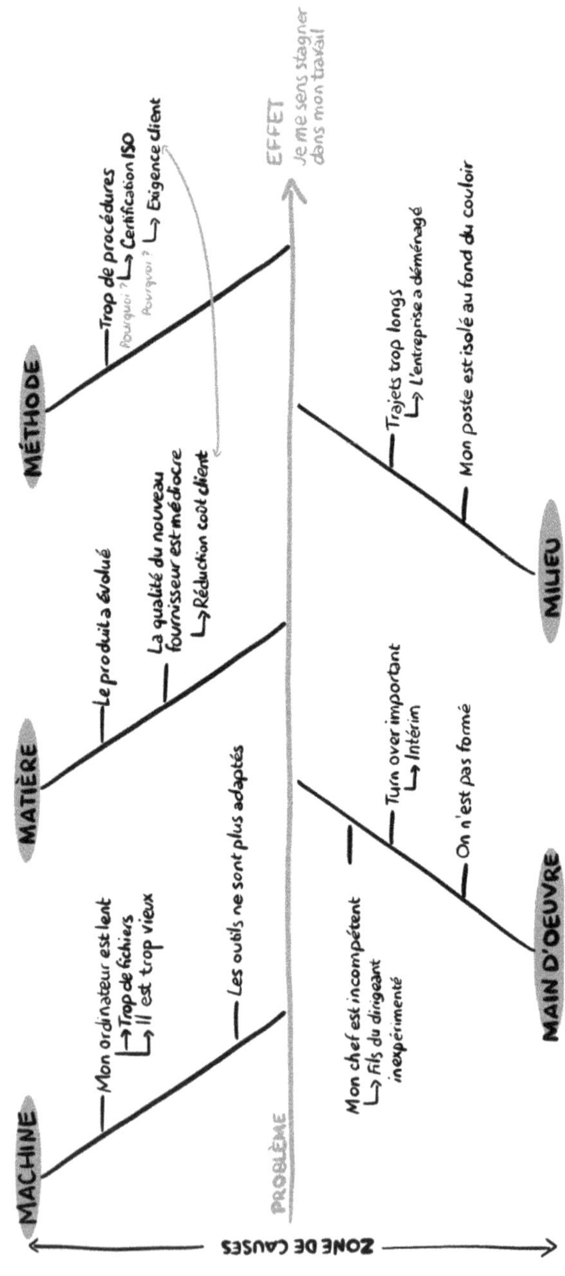

Certains d'entre vous se demandent peut-être quel prix ils vont devoir payer pour faire évoluer leur vie professionnelle vers plus de passion ? Vous pouvez en effet dès maintenant envisager les concessions que vous êtes prêt à faire et ce à quoi vous ne consentirez pas. Êtes-vous prêt à :

- passer par une période de formation et de reconversion moins bien rémunérée ?
- accepter une mobilité géographique ?
- renoncer à un CDI ?
- accepter des conditions de travail moins favorables ?
- accepter une plus faible couverture santé, chômage, retraite ?
- baisser votre salaire ?

Là encore, notez vos réponses. Cela vous permettra d'approfondir ou de revenir sur ces points quand vous aurez élaboré un projet professionnel en phase avec votre passion, afin de vérifier s'il est bien aligné avec les concessions que vous envisagez. Vous aurez le droit de changer d'avis, bien sûr !

TÉMOIGNAGE

Philippe, 45 ans, fondateur d'Ecofrugal

J'ai fait un master de droit des affaires à Paris et un échange Erasmus m'a donné l'opportunité de suivre un cursus à l'université d'Oxford. Cela m'a ouvert des portes dans le monde des entreprises anglo-saxonnes. J'ai décroché mon premier poste à Toronto dans une banque canadienne. À l'époque, j'étais fasciné par l'image de puissance que renvoyait l'univers de la finance. Je voulais aussi mieux comprendre le système capitaliste dont les banques représentent, selon moi, le système nerveux central.

À mon retour en France, j'ai suivi un MBA à Sciences Po, puis j'ai été embauché dans une banque d'affaires d'abord en tant qu'assistant courtier. C'était en 2000, juste avant l'effondrement des valeurs technologiques. Ensuite, j'ai pris un poste dans le contrôle de risques. Cette période a été très riche d'enseignements car j'avais une vision transversale de la banque. C'était intellectuellement passionnant. Quand je suis devenu courtier, j'ai commencé à me spécialiser dans les énergies renouvelables. J'avais ainsi l'impression d'être un peu utile.

Mais après douze ans dans cette banque, je ne me sentais plus à ma place. Ma prise de conscience a été multifactorielle, comme si j'assemblais une à une les pièces d'un puzzle. J'ai passé mon enfance sur le continent africain. En tant qu'enfant d'expatriés, j'étais bien sûr du côté des privilégiés, mais j'ai toujours eu une aversion pour le gaspillage. Là où je vivais, rien ne se gaspillait, tout se réutilisait. Une fois adulte, j'ai gardé ces valeurs et j'ai meublé mon appartement uniquement avec des éléments récupérés. J'avoue aussi que malgré la bonne ambiance de camaraderie qui régnait dans mon environnement professionnel, j'avais de plus en plus de mal avec cette course effrénée à la consommation qui y régnait et le manque de recul de nombre de mes collègues qui vivaient en vase clos.

J'ai alors découvert Sodastream, une entreprise qui permet de faire de l'eau gazeuse à partir de l'eau du robinet et dont les cartouches de gaz sont consignées. C'est du circuit court, il n'y a pas d'emballage et c'est économique. J'ai tout de suite pensé que ce genre de modèle devait être généralisé. J'avais envie de découvrir toutes les solutions économiques et écologiques existantes. J'ai cherché un livre sur le sujet, mais à l'époque il n'y en avait pas encore. C'est pourquoi j'ai décidé de l'écrire moi-même. J'ai auto-édité *Le Guide écofrugal* en 2012 et je suis parti faire le tour de France des librairies pour vendre mon livre. J'ai toujours vu mon livre comme une première étape. En montrant aux gens que des solutions existent, mon ambition était d'accélérer l'adoption de nouvelles pratiques et d'accélérer ainsi la transition écologique à grande échelle.

J'ai contacté les directeurs de la RSE (responsabilité sociale des entreprises) des grands groupes pour leur présenter mon livre. J'ai reçu un bon accueil, notamment chez Bouygues et Pepsi. Les entreprises ont ainsi commencé à me faire confiance en me demandant d'intervenir pour des conférences et en achetant des exemplaires de mon livre pour les offrir à leurs collaborateurs. Mon modèle économique était alors de vendre des formations et des conférences en m'appuyant sur mon livre. J'ai créé une entreprise plutôt qu'une association, car je voulais vraiment montrer qu'on peut concilier business et développement durable. Après avoir vendu 1 500 exemplaires de mon livre, j'ai été repéré par l'éditeur Marabout qui m'a demandé d'en écrire une nouvelle version mise à jour et l'a publiée en 2015.

Aujourd'hui, Ecofrugal propose aux particuliers d'organiser des ateliers sur les différents thèmes de l'écofrugalité : zéro déchet, copropriété ou encore alimentation[1]. Nous mettons à leur disposition toutes les informations et une box de produits fournis par nos partenaires institutionnels et entreprises (Ademe, Nature & Découvertes, Nexity, Oscaro, Valdelia). Pour les particuliers, ces ateliers sont gratuits. Les retours des participants nous permettent de proposer à nos partenaires un observatoire des Français en matière de consommation durable. Nous réalisons également des ateliers payants dans les entreprises.

En changeant complètement de secteur professionnel, j'ai évidemment dû faire des concessions sur mes revenus. D'un salaire de courtier, je suis passé au Smic. Mais comme je suis peu dépensier, l'argent que j'avais mis de côté m'a permis de financer le démarrage d'Ecofrugal.

1. https://www.monatelier-ecofrugal.fr (le *Guide écofrugal* est désormais téléchargeable gratuitement sur le site).

Comment j'ai trouvé ma passion

De mon côté, j'avoue que j'ai mis bien longtemps à trouver ce qui me passionne réellement. Pendant de nombreuses années, j'ai occupé des postes en lien avec mon potentiel de finisseur. Mais à vrai dire, cette compétence ne me passionnait pas. Rétrospectivement, je réalise que tout au long de ma vie j'ai recherché ma passion de façon empirique, en tâtonnant. J'ai commencé dans l'électromécanique, dans laquelle j'ai apprécié et approfondi la productique, puis la gestion de production, et ainsi de suite. Dans chaque poste il y avait quelque chose qui m'intéressait et que j'approfondissais. C'est seulement à 50 ans, en passant les tests psychométriques, que j'ai réalisé mon potentiel de créativité et d'innovation.

Vu d'où je viens, vous pensez bien que ce ne sont pas des compétences que l'on m'a encouragé à développer. C'est donc en les validant avec des outils reconnus que j'ai enfin pu m'autoriser à les mettre en œuvre. Là encore, j'ai expérimenté différentes activités. Quand j'ai créé mon cabinet, j'ai d'abord fait de la formation et un peu de conseil dans les domaines de la qualité et de la compétitivité, que je maîtrisais. Mais ce que j'appréciais avant tout, c'était transmettre. Je me suis donc formé au coaching, j'ai expérimenté l'animation de clubs de professionnels et découvert que j'aimais donner des conférences. Ce qui me plaît en effet, c'est plutôt convaincre qu'animer. Et plus que le coaching, j'affectionne désormais le mentorat. Cette approche me permet de m'affranchir de la posture du coach qui ne doit en aucun cas donner des recommandations ou des conseils directs au coaché mais uniquement l'aider à trouver ses propres réponses. En tant que mentor, je me sens plus libre, non pas de dire au mentoré ce qu'il doit faire, mais de plus l'orienter, le guider. Je peux partager avec lui des expériences tirées de mon propre parcours pour l'inspirer. Je me sens autorisé à lui signaler si je pense qu'il s'engage dans une voie qui ne lui convient pas.

Au travers du mentorat, j'ai petit à petit pris conscience que ce qui me plaît avant tout, ce n'est pas la transmission d'un savoir, mais plutôt la transmission d'une passion. C'est ce que je retrouve quand je donne une conférence. C'est ce que je retrouve aussi en écrivant ce livre pour vous transmettre l'envie de trouver votre passion et de vous épanouir dans votre vie professionnelle. Ma démarche a d'abord été empirique et la route a été longue. C'est pour vous éviter de perdre trop de temps et vous aider à trouver votre propre itinéraire que je partage le résultat de mon analyse. Suivre cet itinéraire va vous permettre de déconstruire ce qui ne vous convient pas, de revenir à vos vraies valeurs, votre potentiel et votre passion. Quand vous êtes dans la passion vous n'êtes pas dans le formatage. Loin des idées reçues et des pensées limitantes dont vous avez été nourri depuis votre plus tendre enfance, trouver et suivre cet itinéraire vous permet d'aller décrocher votre étoile, celle qui n'appartient qu'à vous.

Si vous avez déjà exploré votre potentiel (au chapitre précédent), découvrir votre passion sera plus facile. Et pour cela, plusieurs outils sont à votre disposition. Je vous ai déjà présenté plusieurs tests psychométriques dans le chapitre précédent. En voici un autre qui pourra vous aider dans la recherche de votre passion.

Kairios

Cet outil détermine les valeurs de l'individu et comment elles interagissent. Connaître cette dynamique permet de comprendre ce qui est important pour vous et pourquoi, ainsi que votre vision du monde, les filtres qui influencent vos perceptions et leurs interprétations. Un des principes fondamentaux de cette méthode est qu'il n'y a pas de jugement. Toutes les valeurs proposées sont positives et ont la même importance.

Cela permet de développer la confiance en soi et la confiance dans le groupe, qui sont à la base du *team building* ainsi que du développement personnel et professionnel. Le rapport qui vous sera rendu à la suite du questionnaire Kairios vous éclairera sur la manière dont votre vie fonctionne réellement. Il vous aidera à comprendre les domaines auxquels vous pouvez consacrer votre attention et votre énergie pour un réel développement de vous-même.

http://www.observatoiredesvaleurs.org/loutil-de-coaching-kairios/

J'ai moi-même testé cet outil et parmi les cent deux valeurs humaines identifiées par Kairios, voici les neuf qui sont mes valeurs prioritaires majeures :

1 Quête de sens	4 Responsabilité	7 Sécurité
2 Détermination	5 Courage	8 Forme physique
3 Devoir	6 Intégrité	9 Héritage

Concrètement, ces valeurs sont celles auxquelles je fais appel le plus souvent. La quête de sens est effectivement essentielle pour moi et a guidé l'ensemble de mon chemin professionnel. C'est ce qui me pousse depuis toujours à aller plus loin pour atteindre mon plus haut potentiel de vie. Et c'est clairement la détermination qui m'a permis de construire ce parcours auquel ma famille et mon enfance ne me destinaient pas. On voit que « le sens du devoir » hérité de mon père est bien placé en troisième position. Mais pour moi ce n'est pas quelque chose à déconstruire, car je me suis approprié cette valeur et je ne la renie pas. Il s'agit de la laisser à sa juste place en évitant de trop verser dans cette tendance où je pourrais facilement me retrouver emprisonné. Même chose pour les valeurs « courage » et « intégrité », qui font partie de mon héritage familial. Ce sont des valeurs nobles auxquelles j'adhère sans réserve.

Ce qui est intéressant avec cette analyse de mes valeurs, c'est de voir qu'elles correspondent parfaitement à mes traits de personnalité révélés par l'outil de l'enquête VIA. Ainsi, la persévérance, l'intégrité, le courage, le but dans la vie sont classés dans mes dix premiers points forts. Bien sûr j'aurais pu trouver moi-même la plupart de mes valeurs. Je n'ai pas découvert grâce au test Kairios que j'étais déterminé et courageux. Mais avec ces résultats issus d'un test reconnu, écrits noir sur blanc et ces valeurs décrites dans le détail, j'ai pris le temps de me poser et de réfléchir. À partir de ce moment-là j'ai arrêté de juste avancer en me fiant à mon intuition comme je l'avais fait jusqu'à présent. J'ai pu faire de nouveaux choix en toute conscience et élaborer un véritable projet professionnel dont ce livre est une des étapes.

En suivant l'itinéraire que je vous propose, vous pourrez ainsi découvrir ou redécouvrir vos vraies valeurs et votre personnalité. Cela vous permettra de vous libérer de ce qui vous pèse et de déconstruire ce qui ne vous appartient pas. Associées à votre potentiel de compétence, ces données vous aideront à tracer votre chemin loin des parcours balisés et des projets formatés. Mais avant que vous vous lanciez dans la recherche de votre passion, je veux vous dire une chose essentielle. Une passion peut évoluer ou même carrément changer. Rien n'est figé. Donc ne vous sentez pas coupable si vous réalisez que votre passion n'est plus la même que celle que vous aviez annoncée haut et fort à vos proches il y a de cela dix ans. Entre-temps, vos valeurs ont peut-être évolué et il n'y a pas de mal à cela.

TÉMOIGNAGE

Ludivine, 39 ans, responsable de la promotion en points de vente

J'ai toujours rêvé de travailler dans la pub. Je connaissais un peu la partie créative grâce à ma mère qui était graphiste et je voulais en découvrir plus. Après mon école de commerce en Belgique j'ai commencé à postuler dans des agences, mais on me demandait toujours un minimum d'expérience. Un autre de mes rêves était de m'expatrier. J'avais envie de vivre à Londres, Paris ou New York. Cela ajoutait encore de la difficulté à ma recherche d'emploi. Pour contourner le problème, j'ai alors accepté un poste en intérim à Bruxelles dans une entreprise internationale du secteur bancaire. La chance était avec moi car quelques mois plus tard, un poste de junior s'est libéré dans la filiale parisienne. J'ai postulé et j'ai été prise. J'avais décroché un de mes rêves !

Il me restait à intégrer le milieu de la pub qui me faisait toujours autant fantasmer. J'ai fait beaucoup de recherches auprès des agences parisiennes. Mais là encore on m'opposait mon manque d'expérience, ainsi que mon orientation dans la finance. Après deux ans je suis rentrée à Bruxelles pour continuer à travailler pour la même entreprise tout en poursuivant mes recherches dans le secteur de la pub en Belgique. Pour me distinguer et faire oublier mon inexpérience, j'ai été hyper créative. Mes lettres de motivation ont pris la forme d'un livre et même d'une déclaration d'amour. J'ai tout essayé, en vain. J'ai voulu suivre un master en publicité dans une école privée, mais les frais de scolarité s'élevaient à 60 000 euros et mes parents n'avaient pas vraiment envie de me sponsoriser. Quand mon boss m'a proposé de suivre un troisième cycle en finance, je me suis dit qu'il était vraiment temps de partir.

C'est la coach que je voyais à l'époque qui a tout débloqué. Elle connaissait une agence de pub à Liège qui recrutait. Je n'avais pas vraiment envie de retourner à Liège dont j'étais originaire, mais là encore tout s'est aligné. Quelques semaines plus tard, j'ai rencontré mon compagnon qui est Liégeois, j'ai été recrutée en tant que chargée de compte client par l'agence de pub dont m'avait parlé ma coach et j'ai emménagé à Liège. C'était un job junior certes, mais un premier pas dans ma vie rêvée. Au début j'étais ravie. Je travaillais avec des gens de mon âge. Nous travaillions beaucoup mais il y avait une bonne dynamique, nous avions les mêmes affinités et sortions ensemble après le travail. Ce tableau paraît sans doute un peu cliché, mais j'ai réalisé plus tard que cette solidarité était absolument nécessaire pour tenir sous la pression que nous devions supporter. Il n'était pas rare de travailler jusqu'à 23 heures et de revenir le lendemain dès 8 heures pour enchaîner. Le turnover était très important. Je suis une des rares à être restée près de trois ans.

Au bout d'un an et demi, le chargé de clientèle avec lequel je travaillais a été licencié et je l'ai remplacé. En théorie, j'ai donc eu une promotion, mais en pratique je devais assurer les deux jobs en même temps. Mon objectif était d'accumuler de l'expérience avant de postuler dans une autre agence de pub. Mais j'ai un peu trop poussé le bouchon et j'ai fait une espèce de burn-out. Un jour, j'étais en rendez-vous avec mon boss et un nouveau client qui voulait qu'on lui propose un plan de communication hors du commun. Mais il ne nous donnait aucune information, car il estimait que tout était bien trop confidentiel. J'étais épuisée, je n'en pouvais plus et je trouvais cela totalement surréaliste.

Tout à coup, tout s'est brouillé et je n'ai plus entendu ce que disaient mes interlocuteurs. C'est à ce moment précis que j'ai décidé que c'était fini. À la fin du rendez-vous j'ai donné ma démission. À la suite, d'anciens collègues qui travaillaient dans d'autres agences m'ont proposé de les rejoindre. Mais j'avais trop peur de revivre la même expérience. J'avoue que la réalité du terrain m'a dégoûtée du monde de la pub. Sans compter que l'aspect irrationnel de la création me stressait complètement. Mais je ne regrette pas cette expérience, car j'ai appris énormément.

Un itinéraire à suivre

Plusieurs outils et méthodes peuvent vous aider à détecter votre passion. Commencez d'abord par répondre aux questions suivantes (cette étape est très importante, alors ne vous contentez pas d'y répondre seulement dans votre tête, écrivez vos réponses et détaillez-les) :

- Que faites-vous facilement ?
- Que faites-vous sans voir le temps passer ?
- Que faites-vous avec joie et légèreté ?
- À quel genre de tâches aimez-vous consacrer du temps ?

Pendant une semaine, essayez de remplir précisément une feuille de temps. Vous pourrez ainsi mieux vous rendre compte de la façon dont vous employez réellement votre temps.

Chez Maâtura, pour accompagner nos clients dans la recherche de leur passion, nous avons créé un jeu de douze cartes spécifiques qui détaillent différentes appétences[1].

1. Pour retrouver les jeux de cartes Maâtura et Wave : www.philbertcorbrejaud.fr/livre-outils-articles

Vous devez les classer dans trois catégories : les appétences essentielles, importantes et souhaitables.

Créer des nouveautés	S'adapter au contexte	Analyser les situations
Se dépasser	Inspirer les autres	Organiser les actions
Humaniser les relations	Améliorer l'existant	Prévoir l'avenir
Fédérer le groupe	Réaliser par soi-même	Transmettre son savoir

En complément de ce jeu de cartes, vous pouvez tester un autre outil que j'apprécie beaucoup : la méthode des « 5 Pourquoi », qui consiste à approfondir chaque réponse en répétant « pourquoi ? ». En voici deux exemples concrets qui vous permettront de comprendre le cheminement de cette interrogation simple mais extrêmement efficace.

Exemple 1

Je ne suis plus passionné par mon travail.

Pourquoi ? Parce que mon activité professionnelle me plaît de moins en moins.

Pourquoi ? Parce que je m'ennuie au travail.

Pourquoi ? Parce que j'ai la sensation d'en avoir fait le tour.

Pourquoi ? Parce que je n'apprends plus rien.

Pourquoi ? Parce que mon entreprise ne souhaite pas que je me perfectionne.

Exemple 2

Je ne suis plus passionné par mon travail.

Pourquoi ? Parce que je ne partage pas les orientations de la nouvelle direction générale.

Pourquoi ? Parce que je ne trouve plus de sens à mon activité.

Pourquoi ? Parce que les valeurs humaines de l'entreprise ne correspondent plus à mes valeurs personnelles.

Pourquoi ? Parce que mes valeurs ont évolué vers une économie plus solidaire.

Pourquoi ? Parce que j'en ai pris davantage conscience avec l'arrivée de mon deuxième enfant.

Vous voyez, dans les deux cas de figure, comment cette méthode aide à remonter à la véritable source du problème. Une fois que vous aurez réussi à identifier la cause profonde de votre désengagement, vous aurez fait un grand pas en avant. Et surtout vous saurez à quel niveau agir pour sortir de cette impasse et cela vous donnera des pistes d'actions concrètes.

Pour détecter votre passion, vous pouvez également vous poser une question toute simple : que ferais-je si je n'avais pas besoin de travailler pour gagner de l'argent ?

Imaginez que vous devenez rentier ou que vous avez gagné plusieurs millions d'euros au Loto. Cette question peut sembler bien naïve au premier abord, mais elle est révélatrice de ce qui vous tient vraiment à cœur. Il est temps de vous frotter à votre rêve d'enfance, celui que vous avez enfoui bien profondément sous prétexte d'être raisonnable et de correspondre à ce que l'on attend de vous. Ça y est, vous l'avez retrouvé, ce rêve ? Vous allez pouvoir l'explorer dans toutes ses dimensions.

Quand on envisage sa carrière professionnelle, on pense souvent à développer ses connaissances. Ces outils simples vous permettent d'aborder la situation sous un autre angle. Il ne s'agit pas ici des connaissances que vous avez déjà acquises ou de celles que vous aimeriez obtenir. On s'intéresse à ce que vous aimez faire, à ce qui vous plaît vraiment. Encore une fois, je ne prétends pas qu'utiliser un seul de ces outils sera suffisant. Mais si vous en combinez plusieurs au fil des chapitres de ce livre, vous obtiendrez suffisamment d'informations fiables pour pouvoir rebondir dans la voie qui vous correspond le mieux. Si votre personnalité, votre potentiel et votre passion sont alignés, c'est comme si tous les feux étaient au vert. Vous pouvez foncer, il y a très peu de risques que vous vous trompiez.

Chapitre 4

Développez votre professionnalisme

Après avoir découvert votre potentiel et déterminé votre passion, la troisième étape de votre itinéraire est celle du professionnalisme. Il s'agit des compétences professionnelles annoncées par vos diplômes, ainsi que de l'expérience que vous avez acquise tout au long de votre parcours ; concrètement, de ce qui fait de vous un professionnel expérimenté. Cet inventaire n'est pas figé, car vous pouvez acquérir de nouvelles compétences professionnelles à n'importe quel moment de votre vie en suivant des formations, mais aussi en expérimentant directement de nouvelles activités, en apprenant « sur le tas » comme on dit.

Je vais être très franc avec vous : dans la plupart des livres traitant de reconversion ou de la façon de trouver sa voie professionnelle, la question du professionnalisme est souvent la plus développée. Des livres entiers ont même été écrits sur le sujet. Mais dans mon itinéraire, le professionnalisme n'est pas ce qui compte le plus. En effet, il renvoie essentiellement aux diplômes que vous avez obtenus et qui dépendent de votre potentiel intellectuel évalué dans le cadre très restreint du cursus scolaire. Attention, je ne dénigre pas les diplômes. Je suis bien placé pour savoir qu'ils ont aussi leur importance, sinon je n'aurais pas suivi vingt années de cours du soir pour obtenir ce que je considérais à l'époque comme le saint Graal, ce fameux diplôme d'ingénieur. Mais vous avez appris dans le chapitre consacré au potentiel qu'il existe bien d'autres formes de potentiels (relationnel, émotionnel, opérationnel) et bien d'autres sortes de compétences, telles que les compétences comportementales, les fameuses *soft skills*.

D'ailleurs, saviez-vous que plus de 9,4 % des créateurs d'entreprises n'ont aucun diplôme et que seulement 41,3 %

d'entre eux disposent d'un diplôme de 2e et 3e cycles, d'ingénieur ou de grande école[1] ? J'avoue que ces chiffres ne me surprennent pas. En effet, qui plus qu'un entrepreneur choisit de vivre de sa passion ? Il existe aujourd'hui de nombreux dirigeants d'entreprises cotées en Bourse qui ne disposent d'aucun diplôme prestigieux. C'est le cas par exemple de François Pinault, ancien PDG du groupe Kering, de Gérard Mulliez, fondateur du groupe Auchan et plus récemment de Philippe Ginestet, patron du groupe GiFi, ou encore de Xavier Niel, fondateur du groupe Iliad (maison-mère de l'opérateur téléphonique Free) qui a arrêté ses études à 19 ans. Ils sont parmi les plus connus, mais ils sont loin d'être les seuls à avoir réussi à développer et faire fructifier leur entreprise à partir de leur passion.

FOCUS

Les Victoires des autodidactes

Pour faire reconnaître et honorer les performances réalisées par des chefs d'entreprises et dirigeants qui n'ont pas suivi de cursus de l'enseignement supérieur, le Harvard Business School Club de France a lancé en 1989[2] « Les Victoires des autodidactes », récemment rebaptisées « Les Victoires des audacieux ». Chaque année, des entrepreneurs de la France entière présentent leur candidature pour concourir à ce prix aux conditions exigeantes. J'ai moi-même été nominé en 2013. En plus d'avoir été fondées par des *self-made-men*, les entreprises doivent réaliser au moins 8 à 10 millions d'euros de chiffre d'affaires, être en croissance depuis plusieurs années et avoir un caractère durable sur le plan de la croissance économique comme sur le plan sociétal.

Les témoignages des lauréats, recueillis lors de la dernière remise de prix, sont éloquents. À la question : « Qu'est-ce qu'un autodidacte pour vous ? » voici ce qu'ils répondent : « Un autodidacte a la chance de pouvoir vivre de sa passion », « L'autodidacte a eu

1. « Créateurs d'entreprises selon le diplôme », enquête SINE, Insee, 2018.
2. En partenariat avec le groupe Mazars depuis 2003.

la chance de ne pas être mis dans des cases », « La chance d'être autodidacte, c'est la liberté totale que nous avons ». Les conseils qu'ils donnent sont aussi très parlants : « Je conseille à chacun de trouver sa voie et de trouver sa flamme. Si on va chercher la petite étincelle qui peut s'allumer en chacun d'entre nous, derrière, on ne compte plus ses heures, on est passionné, on est embarqué et du coup, on peut abattre des montagnes », « Persévérer, croire en sa passion, trouver sa voie et ne pas avoir peur »[1].

Si vous voulez construire un projet professionnel qui vous permettra de vous épanouir, je vous conseille donc surtout de vous focaliser sur votre potentiel et votre passion. C'est pour cette raison que le professionnalisme arrive en troisième étape dans l'itinéraire que je vous propose de suivre. J'aime à citer une phrase de Confucius qui me semble très parlante : « L'expérience est une lanterne attachée dans notre dos, qui n'éclaire que le chemin parcouru. » Selon moi, se focaliser sur les compétences acquises, c'est comme regarder dans le rétroviseur en permanence. Vous conviendrez que ce n'est pas la meilleure des façons pour avancer, surtout si vous devez amorcer un virage sur une route que vous ne connaissez pas encore. Moi ce qui m'intéresse, c'est le projecteur qui éclaire l'avenir. Car il est bien plus pertinent d'éclairer devant vous le chemin sur lequel vous marchez.

Vous vous demandez alors peut-être à quoi sert cette étape du professionnalisme dans votre itinéraire ? Avant de vous lancer tête baissée dans un nouveau projet professionnel, il est indispensable de faire l'état des lieux de vos compétences pour savoir dans quelle mesure elles peuvent

1. Témoignages des lauréats 2019 des Victoires des autodidactes : Ludovic Larbodie, Alain Coulas, Giulio Epicureo, Alexis Devillers, Olivier Méril et Gary Anssens. Pour visionner la vidéo : https://bit.ly/36cOCbU

vous servir sur le chemin de votre nouveau projet professionnel. L'objectif est d'identifier celles que vous pourrez mettre au service de votre potentiel et de votre passion. Faites donc l'inventaire des compétences que vous avez acquises dans votre cursus scolaire et dans le cadre de votre expérience professionnelle. Concrètement, il s'agit de tout ce que vous mettez en avant dans votre CV. Puis, en utilisant la méthode des « 5 Pourquoi » présentée au chapitre précédent, vous pourrez explorer ces questions :

- Pourquoi est-ce que je ne me plais pas dans mon travail ?

ou

- Pourquoi est-ce que je n'excelle pas dans mon travail ?

Il y a fort à parier que vous parviendrez à la réponse suivante : « Parce que mon professionnalisme n'est pas en phase avec mon potentiel et/ou ma passion. » Si ces trois composantes sont alignées, vous pourrez alors atteindre un haut degré d'expertise dans votre domaine. C'est ce qu'on appelle l'excellence.

Talents patents *versus* talents latents

Aujourd'hui encore malheureusement, dans la majorité des entreprises, tous ces éléments ne sont pas pris en compte et les départements des ressources humaines ont tendance à se focaliser uniquement sur le professionnalisme des salariés en privilégiant ceux que j'appelle les talents patents. Ce sont les personnes qui ont obtenu les « bons » diplômes en faisant les « bonnes » études, notamment dans des écoles d'ingénieurs et de commerce. Les entreprises ciblent en priorité ces talents patents en les recrutant à prix d'or. Elles pensent ainsi pouvoir éviter au maximum les risques, mais elles se trompent. De nos jours, certains dirigeants managent uniquement avec des chiffres sans connaître le métier et les activités opérationnelles associées. Difficile dans ce contexte de véritablement mobiliser les équipes. Il ne faut donc pas s'étonner du score de 69 % de salariés non engagés dans leur entreprise !

J'aime comparer une entreprise à une forêt. C'est en effet un écosystème riche, qui pour subsister et se développer, doit entretenir une diversité. Pouvez-vous imaginer une forêt dans laquelle ne pousserait qu'un seul type d'arbres, ceux dont la cime monte le plus haut possible ? Vous êtes bien d'accord que cette forêt n'aurait aucune chance de se développer sainement et harmonieusement. Et pourtant, c'est de cette façon que fonctionnent encore aujourd'hui de nombreuses entreprises. Elles favorisent le recrutement de talents patents qui vont entrer en concurrence entre eux pour être celui qui pousse le plus haut et obtient le plus de lumière. Ces talents patents sont également ceux que les entreprises chouchoutent particulièrement pour qu'ils lui restent fidèles. Cela peut sembler totalement aberrant, mais les salariés ingénieurs et cadres sont ceux qui bénéficient le plus de la formation professionnelle (63 %) alors même qu'ils sont déjà très diplômés. Tandis que les ouvriers ou employés non qualifiés y ont accès à seulement 29 %[1]. C'est un total non-sens pour moi, car miser sur les talents patents ne fait que déséquilibrer l'écosystème de l'entreprise. En cas de forte perturbation, comme dans les forêts où les arbres les plus hauts tombent

1. « Mieux connaître la formation et les parcours des salariés dans et hors de l'entreprise », étude Défis, Cereq, 2018.

les premiers, les talents patents sont ceux qui vont démissionner rapidement pour aller se vendre ailleurs.

Tout au long de ma carrière professionnelle j'ai pu remarquer que les talents patents sont en général peu nombreux, solitaires et peu fidèles, à l'inverse de ceux que j'appelle les talents latents qui sont nombreux, solidaires et fidèles. Ce profil de talent latent est celui que je privilégie dans mon entreprise. Ce sont ceux qui n'ont pas vraiment conscience de leur véritable potentiel. Je pense aux personnes non diplômées, à celles qui se sont trompées de voie ou aux jeunes sans expérience. Je pense aussi aux profils complètement atypiques comme celui d'un informaticien qui commencerait sa journée à midi et se mettrait à travailler en attaquant un sandwich et en écoutant de la musique. Cela peut perturber son manager. Mais il est indispensable de respecter son rythme pour que cet informaticien donne le meilleur de lui-même et réussisse à coder plus vite que tout le monde entre midi et 19 heures. C'est clairement dans l'opérationnel que se révèle ce salarié, contrairement à un talent patent qui s'épanouit essentiellement dans l'intellectuel. Comme les arbres de taille moyenne composant une forêt, les talents latents peuvent apporter beaucoup aux entreprises en termes de compétences si les managers acceptent de prendre en compte et de respecter leurs différences. Contraindre tous les salariés à « pousser » dans le même sens et de la même manière ne produit que de la frustration, des blocages et parfois même des dépressions et des sorties de route. Nous verrons dans le chapitre sur le perfectionnement les différentes directions que vous pouvez choisir pour faire évoluer votre professionnalisme.

FOCUS

Didier, un exemple type de talent latent

Je ne peux pas parler des talents latents sans parler de Didier. Didier est un de mes amis d'enfance, fils d'un boulanger de Noirmoutier. Il travaillait dans une usine automobile en tant que régleur de machines qui produisaient des éléments en plastique : pare-chocs, tableaux de bord et boîtes à gants. Dès qu'il y avait un problème sur une machine, on appelait Didier. Il arrivait, touchait un bouton et hop la machine repartait. Quand les ingénieurs élaboraient des prototypes de machines et n'arrivaient pas à produire une pièce, Didier y parvenait toujours et proposait même des idées pour faire évoluer la conception de l'outillage. Compte tenu de ses compétences de réglage phénoménales, je n'ai jamais compris pourquoi la direction de l'usine n'a jamais voulu le nommer ingénieur maison. Mais bien sûr, vous avez deviné : la raison c'est que Didier n'avait pas de diplôme d'ingénieur, seulement un CAP.

Un jour, alors qu'il était à l'étranger dans le cadre du lancement d'une usine, Didier a été repéré par le patron d'un centre d'essais[1] français qui lui a proposé un poste d'ingénieur maison. Didier a accepté et a terminé sa carrière avec succès en tant que directeur de ce centre d'essais. On voit bien dans cet exemple qu'il est indispensable pour les entreprises de prendre en compte d'autres éléments au-delà du professionnalisme et des diplômes si elles veulent vraiment obtenir le meilleur de leurs salariés. De leur côté, ils seront plus épanouis et donc plus productifs. Tout le monde a à y gagner !

Vous voyez à quel point il est plus judicieux, quand vous voulez changer de poste ou de voie et trouver un travail dans lequel vous vous épanouirez, de vous focaliser d'abord sur le potentiel et la passion. Une fois que vous aurez réussi à les identifier, il sera alors facile de vous perfectionner pour développer votre professionnalisme si cela est nécessaire. À l'inverse, il n'est pas pertinent de poursuivre dans le domaine dans lequel vous possédez du

1. Le centre d'essais testait les moules qui permettaient de produire les éléments en plastique pour les voitures.

professionnalisme si votre potentiel et votre passion ne sont pas en accord. En vous éternisant dans cette situation vous risquez, au mieux d'être frustré et de vous ennuyer, au pire de faire une dépression.

Vous n'en êtes pas encore persuadé ? Alors reprenons l'exemple des fiches métiers présentées sur le site de l'Apec. Dans le domaine des ressources humaines, choisissons la fiche dédiée au métier de juriste social[1]. En voici la description : *« Le juriste social assiste et conseille la direction des ressources humaines et les directions opérationnelles de l'entreprise en matière de législation du travail. »*

Maintenant, concentrons-nous sur le professionnalisme. Les diplômes requis sont les suivants : *« Formation bac + 5 (master) spécialisée en droit social/droit du travail, complétée éventuellement par un diplôme donnant accès à la profession d'avocat. »*

Si vous avez le diplôme adéquat, vous pouvez vous dire que c'est un métier fait pour vous. Mais regardons la fiche plus en détail. La description des activités principales d'un juriste social vous donne déjà une bonne idée des compétences nécessaires. Si vous avez horreur des conflits, êtes-vous prêt à *« traiter les contentieux prud'homaux liés aux licenciements, requalifications de CDD, etc. »* ? Soyez honnête avec vous-même.

Il est aussi très intéressant de se pencher sur les aptitudes professionnelles demandées. En effet, elles peuvent parfois sembler bien éloignées de l'intitulé du poste. Ainsi, un juriste social a besoin d'être créatif *« pour imaginer des solutions permettant de faire avancer une réflexion ou de*

---

1. https://www.apec.fr/tous-nos-metiers/ressources-humaines/juriste-social.html

contourner un problème ». Avouez que la créativité n'est pas la première chose à laquelle on pense quand on envisage ce métier. Alors, êtes-vous créatif ? Peut-être n'en avez-vous pour l'instant aucune idée. Peut-être que vous êtes super créatif, mais que vous n'avez jamais eu jusqu'à présent à utiliser cette compétence. Je vous renvoie donc aux tests psychométriques présentés au chapitre 2, qui vont vous aider à découvrir votre potentiel. Vous comprenez mieux maintenant comment cela fonctionne ?

Aligner son professionnalisme sur son potentiel et sa passion

Dans le cadre de mon activité de coach, j'accompagne des entreprises dans leurs démarches de recrutement. Il y a quelques années, j'ai participé au recrutement d'un développeur informatique pour une entreprise du secteur du bâtiment. Je suis intervenu afin d'aider le dirigeant à choisir le meilleur profil dans la *short list* qu'il avait déjà constituée. Nous avons travaillé avec les jeux de cartes de Maâtura[1] pour établir la concordance entre les compétences nécessaires au poste et celles des candidats. Le manager a classé les douze compétences nécessaires au poste dans les catégories habituelles : essentielles, importantes et souhaitables. L'objectif était ainsi de vérifier la compatibilité entre les besoins de l'entreprise et les compétences réelles des postulants. Les trois candidats ont également passé le test Wave

1. Le jeu de cartes de Maâtura sur le professionnalisme est composé de douze cartes vierges car c'est au client de les remplir en fonction des compétences qu'il a indiquées dans la fiche de poste. Pour retrouver les jeux de cartes Maâtura et Wave : www.philbertcorbrejaud.fr/livre-outils-articles

qui détecte les motivations et les talents. Les résultats obtenus sont révélateurs :

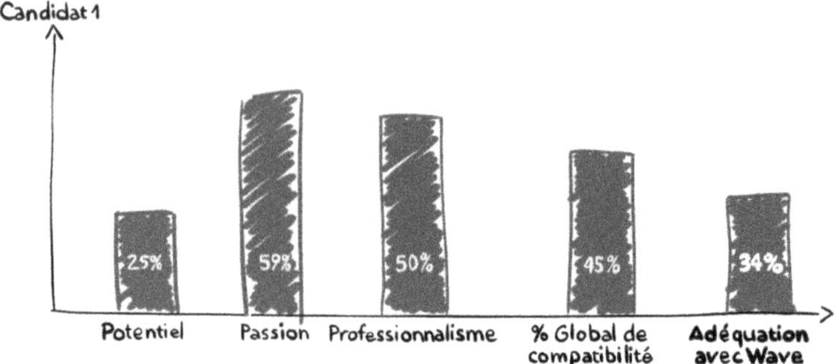

On voit tout de suite que le candidat 1 ne fera pas l'affaire. La compatibilité entre son profil et celui du poste n'est pas suffisante. Malgré son bon score dans le domaine de la passion, son potentiel n'est pas à la hauteur.

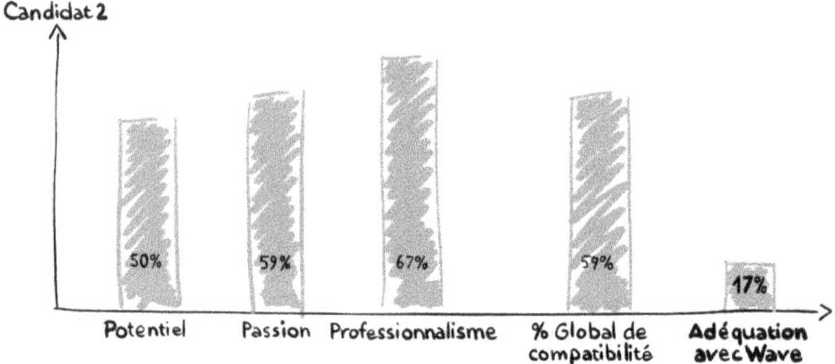

On pourrait penser que le candidat 2 est le plus intéressant. En matière de professionnalisme, tous les indicateurs sont au vert. Mais penchons-nous sur ce qu'ont révélé dans le détail les jeux de cartes de Maâtura. Dans le domaine de la passion, certaines compétences (Modéliser, Conceptualiser, Virtualiser) classées par l'employeur dans la catégorie « essentielles » ont été reléguées par le candidat dans la catégorie « souhaitables ». Même chose au niveau du potentiel (Innover et Communiquer les idées). De son côté, le test Wave, avec un résultat de 17 %, est sans appel. Wave nous indique clairement le manque de motivation du candidat. Nous voilà donc face à un cas typique de candidat qui n'a pas profondément envie de ce poste, mais a bien préparé les entretiens d'embauche. C'est pour cette raison qu'il se retrouve en *short list*. Finalement, la décision de ne pas l'embaucher est la meilleure chose pour les deux parties. L'entreprise évite ainsi une erreur de recrutement en ne choisissant pas un salarié peu motivé. Quant au candidat, il ne va pas prendre un poste qui ne lui plaît pas réellement.

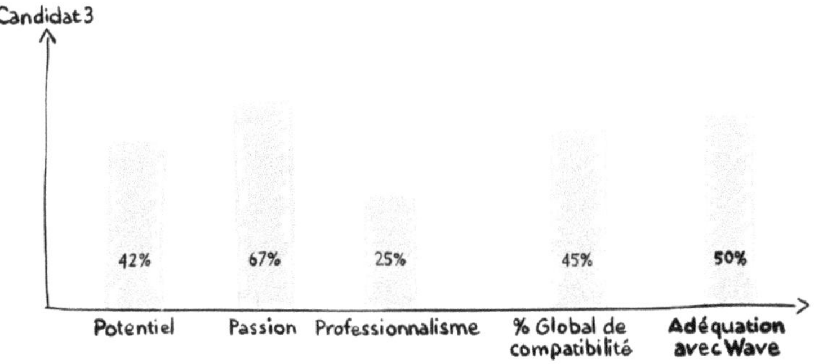

C'est donc le candidat 3 qui a été choisi. Le détail des résultats du test Wave et de ceux du jeu de cartes de Maâtura révèle que ce candidat a des compétences potentielles qu'il n'a pas encore lui-même identifiées. Cependant, une chose est certaine, il est vraiment passionné par les missions qui l'attendent. Vous êtes peut-être surpris en voyant son score de compatibilité en matière de professionnalisme ? Mais pour améliorer son professionnalisme, il pourra apprendre sur le terrain dans le cadre de ses activités ou suivre une formation s'il a besoin d'une mise à niveau sur un sujet spécifique. Car le professionnalisme peut facilement être développé. Mais ce n'est pas possible pour le potentiel et la passion qui ne se décrètent pas.

Cet exemple éloquent nous montre à quel point il n'est pas pertinent de ne s'en tenir qu'à l'inventaire de votre professionnalisme présenté dans votre CV. Si vous êtes manager, gardez en tête cet exemple pour vous en inspirer lors du prochain recrutement que vous aurez à mener. Et si c'est vous le futur candidat, alors ne cherchez pas à tout prix à correspondre à ce que vous pensez que le recruteur attend de vous en bidouillant votre CV ou en passant sous silence certaines réticences. Si ce poste n'est pas en adéquation avec votre potentiel et votre passion, vous ne vous y épanouirez pas. Il y a forcément ailleurs un autre poste qui vous correspond vraiment et dont les activités sont parfaitement en accord avec votre potentiel et votre passion. Si vous élaborez votre projet professionnel en suivant votre potentiel et votre passion, vous êtes certain de ne pas vous tromper. Vous pouvez me faire confiance, vos choix seront toujours justes !

Chapitre 5

Élaborez votre projet

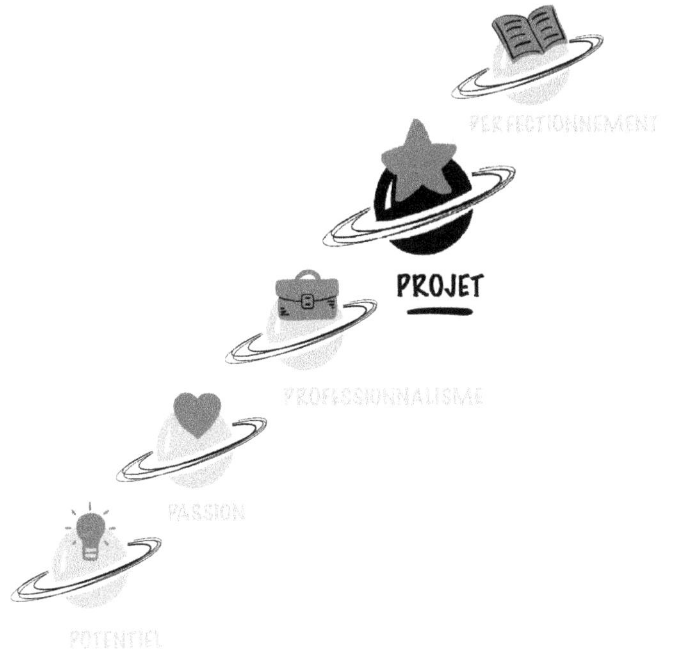

Maintenant que vous avez toutes les cartes en mains, il est temps de rejoindre votre planète Projet. Le projet est votre intention, ce que vous convoitez. J'associe le mot « projet » à celui de « dessein », une idée que l'on forme d'exécuter quelque chose. Un projet est solide et ambitieux. Il se réfléchit et se formalise. En cela, je différencie un projet professionnel de ce que j'appelle une projection. Je rencontre souvent des personnes qui, dans le cadre de leur reconversion, souhaitent devenir consultants dans leur domaine d'activité. Quand je les questionne sur leurs motivations, une raison revient fréquemment : « Je suis au chômage, j'ai trente ans d'expérience, donc c'est une suite logique. » Je vais peut-être vous choquer, mais si c'est la seule et unique raison, alors pour moi cela n'a rien d'un projet professionnel. Car dans ce cadre, la logique n'est pas la meilleure conseillère. La personne se projette par rapport à une difficulté rencontrée (le chômage) et par rapport à son activité actuelle. Mais elle ne prend pas en compte son potentiel, sa passion et son professionnalisme. Il s'agit d'une décision prise en réaction à sa situation du moment. Une autre personne dans la même position (au chômage et trente ans d'expérience) pourrait me dire : « J'aime partager mes connaissances et aider les individus ainsi que les organisations à grandir. Je veux faire profiter les autres de mes trente ans d'expérience pour leur éviter les difficultés auxquelles j'ai été confronté. » Vous voyez la différence ? Élaborer un véritable projet professionnel vous permet de ne pas juste être dans la réaction. Vous évitez ainsi de prendre des décisions en jouant la carte de la sécurité, sans réelle envie.

Au début, votre projet professionnel est comme une étoile qui ne brille pas de tous ses feux. Pour lui donner plus d'éclat, la rendre plus visible et mieux identifiable, vous devez la clarifier. Cette étoile, elle n'appartient qu'à vous ! C'est pourquoi cela n'a aucun intérêt de regarder ce que font les autres et de vous comparer à eux. Ils ont leur propre étoile, leur propre projet. La route qui vous mènera à votre étoile est donc elle aussi unique. Et c'est ce chemin que vous devez trouver. Cessez de regarder sur le sol le plan tout tracé que vos parents avaient prévu pour vous : bac + 1, 2, 3, 4, 5… Débarrassez-vous de vos croyances limitantes. Si vous ne vous sentez pas bien dans votre travail aujourd'hui ou si vous n'avez pas encore trouvé le poste qui vous donne vraiment envie de vous lever le matin, il est temps de lever la tête pour trouver votre étoile dans le ciel. Je suis heureux de constater que c'est ce que font de plus en plus les jeunes diplômés. Ils ont d'abord suivi une voie toute tracée et valorisée par la société avant de s'apercevoir que ce n'est pas ce qui leur plaît réellement. Ils sont nombreux à être déçus et frustrés par une première expérience professionnelle qui ne répond pas à leur quête de sens. Alors ils se reconnectent à leur passion pour se lancer parfois dans un métier manuel ou réinventer des métiers oubliés (barbier, brasseur ou même cireur de chaussures !) à l'opposé de ce pour quoi ils avaient été programmés. Quant à ceux qui sont aujourd'hui étudiants en prépas ou grandes écoles, lorsqu'on leur demande ce qui est important pour eux dans le travail, ils répondent désormais qu'ils veulent « s'épanouir personnellement » (49 %), bien avant de « gagner leur vie » (20 %)[1].

1. « Les rêves de carrière des élèves de prépas aux grandes écoles (5e édition) », EDHEC NewGen Talent Centre, novembre 2018.

FOCUS

Quand les diplômés des grandes écoles se reconvertissent

L'association On Purpose accompagne les diplômés de grandes écoles dans le cadre de leur reconversion professionnelle dans le domaine de l'économie sociale et solidaire (ESS). Présente à Londres, Paris et Berlin, l'association propose le « programme Associé » qui permet aux candidats à la reconversion de tester leur motivation dans deux structures de l'ESS à chaque fois pendant six mois. Les Associés sont rémunérés 22 500 € bruts annuels, bien loin de leur salaire habituel. Durant un an, ils mettent ainsi leur professionnalisme au service du secteur de l'ESS, tout en expérimentant sur le terrain la viabilité de leur projet de reconversion.

De son côté, l'association Le Choix de l'école vise le même public de jeunes diplômés et jeunes actifs. Ils ne se destinaient pas à l'enseignement mais souhaitent exercer un métier socialement utile. Accompagnés par l'association, ils peuvent s'engager comme enseignants dans des collèges publics situés dans les territoires les moins favorisés. Pour assurer leur réussite et celle de leurs élèves, Le Choix de l'école les suit pendant leurs deux premières années d'enseignement en collège d'éducation prioritaire.

Construire votre projet va vous permettre de transformer votre rêve en un métier concret. Afin de vous aider dans votre démarche, j'ai déterminé une trame précise que j'ai appelée PACSE pour Planifié, Ambitieux, Cohérent, Sensé, Évaluable. Si vous voulez casser le plan préprogrammé qui vous a guidé jusqu'à maintenant, vous devez déterminer votre propre chemin en utilisant la méthode du PACSE. Et comme c'est un véritable engagement que vous devez prendre, je vous propose de vous pacser avec votre projet. Nous allons examiner ces cinq points dans le détail. J'utilise l'acronyme PACSE comme moyen mnémotechnique, mais en réalité, il est plus pertinent de commencer par le A.

A comme Ambitieux

J'estime qu'un projet professionnel doit s'envisager à long terme pour les cinq ou dix prochaines années. Il doit être ambitieux et porté par une véritable vision. Vous pensez que c'est trop loin, trop grand ? Je vous oppose une citation du sage chinois Lao Tseu : « Celui qui n'a pas d'objectifs ne risque pas de les atteindre. » On m'a récemment fait part d'une citation de l'écrivain anglais Oscar Wilde qui va dans le même sens : « La sagesse, c'est d'avoir des rêves suffisamment grands pour ne pas les perdre de vue lorsqu'on les poursuit. » C'est peut-être le moment pour vous de réaliser que vos projets à six mois ou un an sont plutôt des étapes d'un projet plus grand que vous devez élaborer. Il ne s'agit pas juste de faire mieux ou plus que ce que vous faites déjà. Construire un projet à long terme vous permettra de ne pas vous laisser happer par les opportunités. On vous propose un nouveau poste avec un salaire plus élevé ? Il peut être tentant de ne voir que l'impact que cela aura sur votre compte en banque. Mais cette promotion s'intègre-t-elle vraiment dans votre projet à long terme ? En clair, les missions que vous allez mener dans ce nouveau cadre sont-elles en accord avec votre potentiel et votre passion ?

Avoir un projet ambitieux vous permettra également d'éviter de vous égarer en suivant le fil de l'actualité. Par exemple, vous vous retrouvez au chômage et vous choisissez de faire une formation dans un secteur d'activité qui recrute, comme le service à la personne ou l'e-commerce. Là encore je ne pense pas que se précipiter en prenant en compte uniquement l'aspect sécurité soit une bonne solution. Vous risquez en effet de vous retrouver à une place qui n'est pas la vôtre. Alors imaginez quelque chose d'ambitieux et ne perdez pas de vue votre étoile.

TÉMOIGNAGE

Bertrand, 41 ans, fondateur-dirigeant de la société Hynoxelis

Ingénieur de formation, j'ai fondé en 2017 la société Hynoxelis, spécialisée en ingénierie mécatronique. L'accompagnement de Philbert, basé sur la méthode de révélation des talents latents, a été une étape clé dans mon parcours. Entreprendre était un rêve, un projet de longue date. Le coaching de Philbert ne m'a pas appris que je voulais entreprendre. Mieux, il m'a donné confiance. Comment ? En me révélant à moi-même. J'avais déjà acquis la conviction que mon étoile était « entreprendre ». Mon port d'arrivée était connu. Mais il me manquait la connaissance du « Qui suis-je ? » et « Où en suis-je ? ». L'accompagnement de Philbert m'a permis d'être au clair sur mon point de départ. Il devenait alors possible de tracer la route entre ces deux points. J'ai pu mettre en mots ce qui jusqu'alors n'était que du ressenti : mes forces et mes talents (activités plaisantes, réjouissantes, souvent accompagnées de succès) face à mes points faibles, mes lacunes (activités pénibles, laborieuses et déplaisantes, qui génèrent une double frustration : beaucoup de sueur pour peu de résultats). La connaissance de soi ouvre ensuite la voie de l'acceptation de soi. Je me connais, donc je m'accepte, donc je peux poursuivre mon cheminement en connaissance de cause, donc je suis en confiance. L'accompagnement de Philbert m'a aussi ouvert les yeux sur une double nécessité :

1. Créer une entreprise en phase avec ce qui m'anime, mes passions, ma vocation ;
2. Équilibrer le profil de l'entreprise, quand bien même mon propre profil ne l'est pas.

À l'issue de cet exercice, j'ai pu construire mon projet sereinement. En exploitant au maximum mes forces naturelles et en choisissant de « gérer » mes faiblesses, j'ai pu construire une entreprise cohérente avec mon « moi professionnel » et néanmoins équilibrée. Trois années plus tard, Hynoxelis a atteint le stade de développement espéré à sa naissance et poursuit sa croissance. Il m'est difficile de croire que cette situation n'est due qu'au hasard ou à une forme de chance pure.

P comme Planifié

Un projet à dix ans ça se prépare bien sûr. Il faut bien déterminer les différentes étapes qui vous mèneront à votre objectif final. À cet égard, l'exemple de David est particulièrement explicite. Je connais David depuis toujours car il est comme moi originaire de Noirmoutier et je suis ami avec ses parents. Dès la fin de son BTS, David m'avait dit qu'il voulait être consultant. Mais je lui ai expliqué qu'on ne peut pas être consultant sans maîtriser une activité au préalable. Je lui ai donc conseillé d'expérimenter en entreprise sa passion pour l'organisation industrielle. Ce n'est qu'ensuite qu'il serait légitime pour se lancer en tant que consultant auprès des entreprises. Guidé par sa passion, David a ainsi mis en œuvre son projet professionnel en plusieurs étapes.

TÉMOIGNAGE

David, 38 ans, gérant associé d'un cabinet de conseil et consultant

J'ai d'abord obtenu un BTS électrotechnique en alternance. Classé deuxième de ma promo, j'ai postulé confiant dans une école d'ingénieurs. Mon dossier était exemplaire, mais mon entretien avec le directeur a été catastrophique. À sa question « Pourquoi devrais-je vous prendre plutôt qu'un autre ? », tout ce que j'ai trouvé à répondre c'est : « J'ai déjà expérimenté l'apprentissage, je sais ce que c'est d'accomplir les tâches ingrates d'un apprenti. » Je n'avais aucune conscience de mon potentiel et de ce que le directeur attendait de moi. Bien sûr, je n'ai pas été pris. Je me suis donc rabattu sur un DUT en organisation et gestion de production. Puis, grâce à Philbert qui m'a mis en contact avec un de ses clients, j'ai été embauché pour un an dans une entreprise d'usinage de 80 personnes. Ma mission : mettre en place la maintenance préventive et l'amélioration continue. Un an de boulot, de galère, de travail le samedi matin et entre Noël et le 1er de l'an pour réimplanter tout l'atelier. Le 31 décembre, je finis vers 22 heures, épuisé. Mais l'idée a germé, la passion a éclos. Je sais désormais que je veux mener des projets d'organisation industrielle.

À la suite de cette expérience professionnelle, je suis pris dans une école d'ingénieurs en maintenance et fiabilité des processus industriels. Je choisis de faire mon alternance au CEA[1]. À la fin de la deuxième année, je recroise Philbert qui recherche un jeune en tant que consultant junior. Le profil du poste m'intéresse vraiment et je décide de quitter le CEA pour faire ma troisième année d'alternance dans le cabinet de conseil de Philbert. Je suis embauché à la suite et je passe cinq ans avec l'équipe de Philbert. C'est génial, dur, mais génial. Philbert s'aligne sur sa passion pour le management et son cabinet avec. Moi, ma passion, c'est l'organisation industrielle. Donc je décide de partir pour monter ma boîte en solo. Mais c'est trop tôt, je manque d'expérience et je passe quatre ans à vivoter, à survivre. Finalement, je liquide mon entreprise et postule dans un cabinet de conseil spécialisé dans l'organisation industrielle pour acquérir les compétences qu'il me manque.

1. CEA : Commissariat à l'énergie atomique.

Trois ans plus tard, Laurent, le patron, prépare sa retraite et veut vendre. Cela m'intéresse, mais je me retiens. Premièrement, je n'ai pas d'argent, deuxièmement, je suis encore trop tendre. La vente se passe mal avec le repreneur qui au bout d'un an décide de tout arrêter. Laurent se retrouve à nouveau avec le cabinet sur les bras et je sens qu'il est prêt à tout bazarder. Conscient de mon potentiel, convaincu par ma passion, sûr de mon projet, je considère qu'il me faut encore me perfectionner. Alors je propose à Laurent une location-gérance de Cogite Atlantique (comme un crédit-bail). L'avantage, c'est que l'on prévoit un suivi des compétences pendant trois ans. J'embarque avec moi Philippe, mon collègue. Il a une belle carrière industrielle et il est plus expérimenté que moi, plus sage aussi. Dans un an, nous serons définitivement les patrons de Cogite Atlantique. J'aurai tout juste 39 ans. Je pense que le plus dur est devant moi. Mais, en continuant à aligner mes cinq planètes comme dans la méthodologie de Philbert, je sais que je vais y arriver.

S comme Sens

Votre projet professionnel doit faire sens pour vous. Si votre métier ne vous intéresse plus mais que vous n'avez aucune idée de ce que vous pourriez faire d'autre, essayez de vous souvenir de votre rêve d'enfant. Nous avons presque tous caressé un rêve quand nous étions petits, mais souvent nous avons dû l'écarter et l'oublier sous la pression des croyances limitantes de nos parents ou des professeurs que nous avons rencontrés au cours de notre scolarité. On nous a dit que ce n'était pas un métier fait pour nous, qu'il ne nous permettrait pas de gagner notre vie, que ce secteur d'activité était sinistré… Alors nous avons ravalé notre rêve, abandonné cette idée qui nous faisait vibrer et suivi les études qui convenaient mieux à nos parents et notre entourage. Je vous conseille de ressortir de la boîte ce rêve d'enfant. De mon côté, je voulais être avocat quand j'avais 10 ans. Eh bien, je considère que c'est ce que je fais aujourd'hui : je défends la cause des talents latents !

TÉMOIGNAGE

Loréna, 26 ans, fondatrice d'Obépine

28 mars 2015, dernier jour sur les bancs de l'Institut d'administration des entreprises (IAE) de La Rochelle, où j'ai passé trois années à analyser, comprendre, étudier et surtout à m'imprégner de l'univers de l'entreprise en passant par les ressources humaines, la comptabilité ou encore le marketing, qui était ma spécialité. Pour valider ma licence, je devais réaliser un stage de fin de cursus, que j'ai effectué au sein de la tribu Maâtura. Un stage court et intense qui m'a permis de mettre en pratique la théorie. Grâce à Philbert, en plus de la pratique, j'ai pu découvrir les talents latents et leur impact sur les entreprises.

Suite à l'obtention de ma licence, je suis partie un an en Angleterre et en Irlande. À mon retour, j'ai repris un master à l'IDRAC Business School de Nantes en alternance dans une start-up nantaise, qui développait une solution de *social learning*. J'étais chargée de marketing et communication, en collaboration directe avec les deux cofondateurs. C'était enrichissant, mais très stressant. L'enjeu majeur était de développer l'image de l'entreprise, son discours commercial, ainsi que les outils pour monter en compétences. Après une année au sein de cette entreprise, on m'a proposé de devenir associée et là, le déclic ! L'envie d'entreprendre a toujours résonné en moi et je me suis dit : « Pourquoi ne pas créer ton entreprise maintenant ? En es-tu capable ? »

À la fin de mes études en 2018, j'avais envie de créer une entreprise dans l'univers du thé et des plantes. J'ai cherché des organismes pour m'accompagner, m'aider dans ce projet et j'ai pu m'entourer de la BGE et d'Initiative Nantes pour le faire mûrir. Puis je me suis rapprochée de l'Institut français d'herboristerie (IFH) pour réaliser des cours de botanique, comprendre les plantes en plus de ma collection de livres sur le sujet. En octobre 2019, j'ai lancé Obépine, une marque de thés et d'infusions bio au packaging rechargeable et je réalise les recettes et les mélanges dans mon atelier à Orvault. Chaque jour dans ma tête, résonnent les mots : passion, projet et perfectionnement dans le but de faire grandir Obépine. J'y crois !

C comme Cohérent

Vous le savez, je suis le premier partisan du « Tout est possible ! » Cependant, votre projet professionnel doit être cohérent avec votre parcours. Si vous me dites que vous avez toujours voulu être astronaute et que vous avez 40 ans, je suis désolé de vous annoncer que vous allez devoir abandonner votre rêve. En effet, compte tenu des aptitudes physiques nécessaires pour les missions, l'âge limite en France a été fixé à 37 ans. En revanche, si vous me dites que vous avez toujours eu une passion pour le bois et que vous rêvez d'être ébéniste, je vous demanderai d'abord si vous êtes prêt à vous relancer dans des études pour obtenir un bac pro ou un bac + 2. Et si cela ne vous fait pas peur, alors je vous dirai de foncer. Il vous faudra bien sûr élaborer un véritable projet professionnel pour réussir votre reconversion suite à l'obtention de votre diplôme. Ce ne sera pas simple et vous aurez sans doute des difficultés à surmonter, mais cela en vaudra forcément le coup. Vous pouvez changer radicalement de voie, mais il est indispensable que votre projet soit réalisable et concret. Cette cohérence est en lien avec votre potentiel et votre passion. Si les deux sont réunis, n'ayez pas peur de vous lancer. À ce propos, un de mes associés m'a appris un jour ce proverbe vraisemblablement roumain : « Qui craint la mort perd la vie. »

TÉMOIGNAGE

Yohann, 44 ans, mécanicien spécialisé dans la marque Porsche

Avant d'être passionné par la marque Porsche, je suis passionné de mécanique depuis toujours. Mon grand-père était mécanicien, mon père était mécanicien et j'ai toujours traîné dans un atelier. J'ai fait une école de mécanique, mais ça ne me plaisait pas, ce que j'aimais c'était être dans un atelier avec les voitures. J'ai également pratiqué la moto en compétition. J'ai raccroché les gants et le casque à l'âge de 24 ans quand un de mes amis s'est tué sur le circuit pendant une course du championnat de France. Cela m'a fait une grosse frayeur. J'ai fini la saison et j'ai tout arrêté. J'ai vendu mes motos et j'ai acheté une Porsche. J'ai commencé par la démonter, pour bien l'observer et comprendre son fonctionnement. Je savais que c'était une voiture qui avait des défauts et qu'on pouvait la faire évoluer en lui donnant par exemple un look racing ou un comportement plus sportif. On a les moyens d'en faire des voitures extraordinaires. C'est comme cela que je me suis pris de passion pour Porsche : j'en ai eu une, puis deux, trois, quatre… Mon père en a acheté aussi. Nos clients ont vu qu'on s'intéressait vraiment à la marque et ils ont commencé à nous recommander auprès de leurs amis propriétaires de Porsche. Aujourd'hui, je répare des modèles de 1956 à 2015 et depuis au moins dix ans, cela représente 80 % de mon chiffre d'affaires. Au point que plusieurs concessionnaires de la marque sont venus nous voir pour nous proposer de travailler en partenariat. Ils ont évidemment tout intérêt à se tenir au courant de notre activité. En effet, nous entretenons une gamme de véhicules qu'ils ne voient plus passer dans leurs ateliers et qu'ils ont besoin de recenser. Je pourrais développer mon entreprise, mais je préfère garder un atelier à taille humaine et une relation privilégiée avec mes clients. Je sais que si j'avais plus de travail, j'aurais aussi beaucoup de contraintes et ce serait au détriment de ma qualité de vie au travail.

E comme Évaluable

Votre projet d'entreprise doit être composé de plusieurs objectifs à plus court terme : un an, deux ans, trois ans. Vous pourrez ainsi régulièrement effectuer des points d'étape. C'est ce que j'appelle revisiter son projet. Pour être certain de ne rien oublier du projet que vous avez élaboré au départ, il est indispensable de le formaliser par écrit. Cette formalisation n'est pas un point de détail, elle est absolument essentielle. Trop souvent, les personnes que je coache me disent : « Là c'est bien clair dans ma tête ! » Mais non, cela ne suffit pas. Prenez le temps de décrire clairement votre projet avec toutes les étapes qui le constituent. Vous pourrez ainsi vérifier que vous avez atteint chaque objectif que vous vous étiez fixé ou voir si vous vous en êtes éloigné. Si vous avez dévié de la route que vous aviez tracée, il est intéressant de savoir pour quelle raison. Est-ce parce que vous n'avez pas fait suffisamment d'efforts ? À cause de votre entourage ? De l'actualité ? Vous êtes-vous fait cannibaliser par « le système » ?

Peut-être préférerez-vous dans un premier temps écrire toutes vos réflexions les unes à la suite des autres dans un carnet ou un document Word. Mais pour élaborer votre projet en vous servant du PACSE, je vous conseille vivement d'utiliser un outil de *mind mapping* (carte mentale). Il en existe de nombreux gratuits que vous pourrez trouver sur Internet[1]. Placez votre projet au centre et en satellites, les cinq éléments du PACSE. Pour chacun d'entre eux, ajoutez une ramification « définition » qui vous permettra de bien vous rappeler ce que vous devez présenter dans cet élément et une autre « actions » qui présentera à son tour plusieurs ramifications. Si nécessaire, chaque action pourra ensuite être décomposée en « sous-actions ». L'intérêt d'utiliser un outil de *mind mapping* est que vous pourrez ainsi mieux évaluer les points forts et les points faibles de votre projet sur lesquels il vous faudra travailler. Par exemple, si vous êtes totalement à l'aise avec l'aspect « ambition » de votre projet mais que vous l'êtes beaucoup moins avec la partie « cohérence », votre schéma sera complètement déséquilibré. Impossible de ne pas le voir. Les points faibles de votre projet vous sauteront aux yeux. À vous alors de rééquilibrer l'ensemble en étoffant l'élément du PACSE le plus déficient. Cet exercice de *mind mapping* permet de vous confronter à la viabilité de votre projet.

Voici une trame que vous pouvez compléter :

1. https://www.xmind.net/ ; https://www.mindmeister.com/fr ; Appli MindNode.

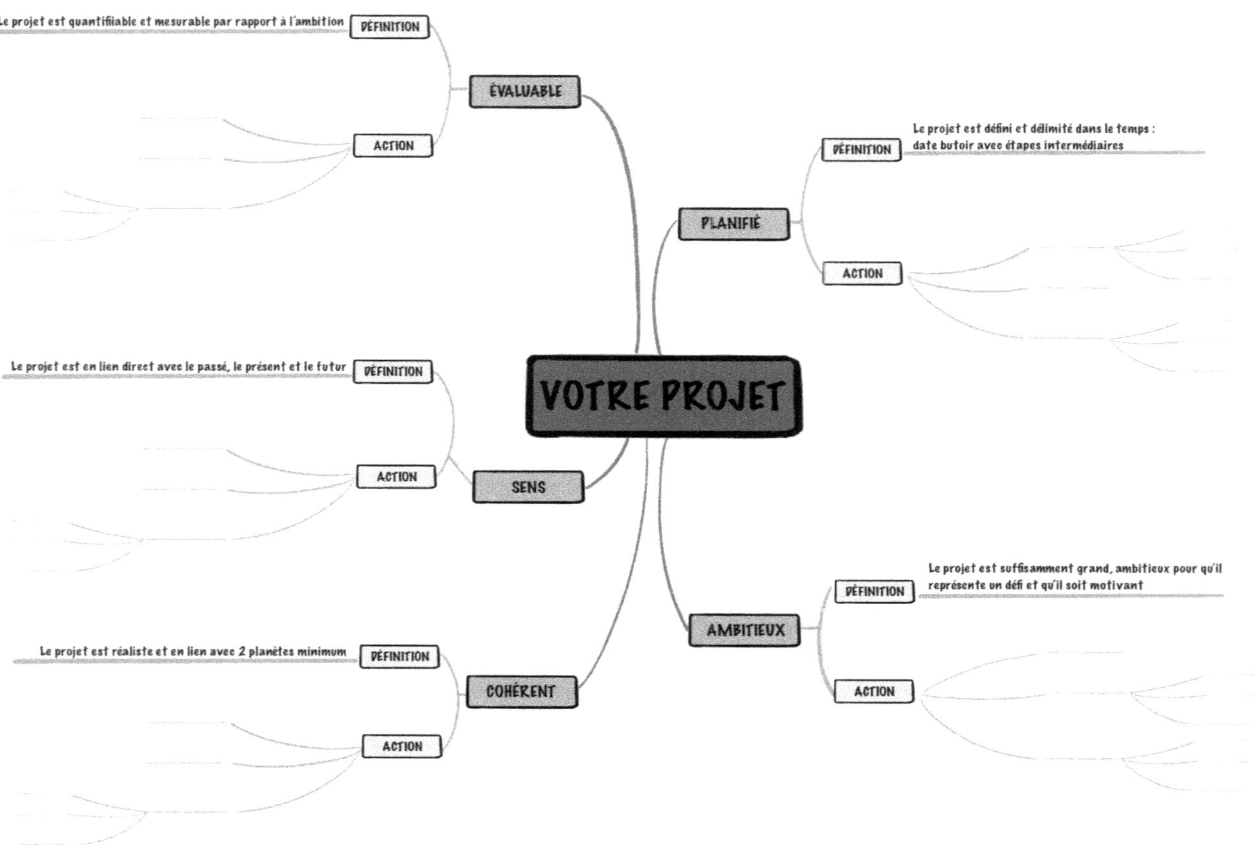
VOTRE PROJET
ÉVALUABLE
DÉFINITION
Le projet est quantifiable et mesurable par rapport à l'ambition
ACTION
PLANIFIÉ
DÉFINITION
Le projet est défini et délimité dans le temps : date butoir avec étapes intermédiaires
ACTION
SENS
DÉFINITION
Le projet est en lien direct avec le passé, le présent et le futur
ACTION
AMBITIEUX
DÉFINITION
Le projet est suffisamment grand, ambitieux pour qu'il représente un défi et qu'il soit motivant
ACTION
COHÉRENT
DÉFINITION
Le projet est réaliste et en lien avec 2 planètes minimum
ACTION

Formaliser votre projet par écrit et présenté sous la forme d'une carte mentale vous permet également de le revisiter régulièrement. Il m'est difficile de vous dire quelle est la périodicité idéale. Tous les ans, tous les six mois ? En fait, cela dépend du délai de réalisation de chacun des objectifs que vous vous êtes fixés, mais aussi de ce qui se passe dans votre vie. Je vous conseille en effet de revisiter votre projet à chaque changement majeur. Vous prévoyez de changer de ville. Est-ce que ce déménagement ne va pas vous éloigner de votre prochain objectif ? On vous propose un poste plus élevé hiérarchiquement et mieux payé. C'est flatteur mais est-ce en cohérence avec votre projet à long terme ? On vous propose une formation. Mais est-ce vraiment de cette formation-là dont vous avez besoin pour faire avancer votre projet ? Ne saisissez pas les opportunités au vol avant de les avoir examinées à travers le filtre de votre projet.

Revisiter votre projet permet également de l'adapter ou carrément de le refondre si nécessaire. Imaginons que vous ayez suivi une formation d'ébéniste et compris ce que cela représentait au quotidien. Peut-être que maintenant vous n'avez plus vraiment envie d'en faire votre métier, mais seulement de garder cette activité dans la sphère de vos loisirs. Ce n'est pas grave ! Au contraire, cela vous permettra de ne pas traîner jusqu'à la fin de votre vie ce vieux rêve d'enfant. Et vous pourrez utiliser vos nouvelles compétences pour fabriquer des meubles sur mesure dans votre appartement ou votre maison de campagne. D'autres changements majeurs dans votre vie privée peuvent également vous donner envie de revisiter votre projet professionnel :

vous vous mariez, vous avez un enfant, vous achetez votre logement, vous divorcez… Tous ces événements vous donneront l'occasion d'affiner votre projet, de le recentrer, de le compléter et de vous remotiver. Par ailleurs, il arrive que l'on manque d'objectivité à cause d'un contexte particulier ou défavorable, tel qu'une séparation, la perte d'un proche ou encore un licenciement. Dans un tel contexte, il peut être utile de faire appel au regard de personnes proches bienveillantes ou d'amis de longue date. Car ils sauront sans aucun doute vous rappeler votre projet et les priorités que vous aviez formulées.

Je sais à quel point formaliser son projet est nécessaire, car avant de mettre en œuvre ma démarche, je me suis moi-même égaré dans des postes qui ne me correspondaient pas. Quand je suis devenu directeur de la compétitivité, je privilégiais uniquement l'évolution sociale. Si j'avais continué dans cette voie, j'aurais fini par faire un burn-out. Mais c'est seulement douze ans après avoir lancé mon activité de conseil que j'ai véritablement eu le déclic qui m'a incité à élaborer un véritable projet professionnel. En 2011, à cause d'un associé imprudent, mon entreprise s'est retrouvée en procédure de sauvegarde. À l'époque, notre activité, qui se concentrait sur la formation en qualité et le conseil en organisation, n'était pas suffisamment rentable. J'ai donc profité de ce moment particulièrement difficile pour reconsidérer les prestations que nous vendions ainsi que le mode de fonctionnement de l'entreprise. Après avoir fait mon bilan de potentiel, j'ai compris pour quoi j'étais fait. J'ai alors établi mon projet professionnel et décidé de me dédier uniquement à l'épanouissement des individus, plutôt qu'à la productivité des entreprises. C'est pourquoi je vous souhaite aujourd'hui de réussir à identifier votre planète Projet. Et j'espère sincèrement que votre rencontre avec mon livre vous servira de déclic pour vous lancer.

Chapitre 6

Perfectionnez-vous !

Maintenant que vous avez élaboré votre projet professionnel sur le long terme, vous allez devoir vous perfectionner pour avancer vers votre objectif. Le perfectionnement, c'est de l'auto-apprentissage qui se distingue de l'apprentissage par le fait que c'est vous qui choisissez d'approfondir uniquement ce dont vous avez besoin. C'est donc très spécifique puisque le perfectionnement est forcément en lien avec votre projet et que celui-ci n'appartient qu'à vous. À l'opposé, l'apprentissage est bien souvent très généraliste et traite de thématiques qui peuvent intéresser le plus grand nombre. Mais combien de personnes sont vraiment intéressées par l'ensemble de ce contenu ? N'oubliez pas que le système scolaire propose un chemin unique à des personnes différentes alors que mon programme propose des chemins différents à des personnes uniques.

Quand j'ai suivi les cours du soir pour devenir ingénieur, tout ce que j'ai appris pendant la formation n'a réellement représenté que 20 % de mon apprentissage. Les 80 % restants sont des connaissances que j'ai moi-même choisi d'acquérir en approfondissant certaines matières qui me paraissaient particulièrement intéressantes et se trouvaient en lien avec mon projet professionnel. Par exemple, sur le sujet des techniques d'organisation sur un poste de travail, j'ai estimé que les éléments apportés par le formateur étaient insuffisants. J'ai donc lu des livres pour approfondir le sujet. Sans le savoir, j'ai quasiment appliqué le modèle 70-20-10 qui a été établi par des chercheurs en sciences de l'apprentissage et du développement[1]. Ils ont mené une étude auprès de cadres en entreprises et démontré que

1. Michael M. Lombardo et Robert W. Eichinger, *The Career Architect Development Planner*, Lominger, Minneapolis, 1996.

l'acquisition de leurs connaissances et le développement de leurs compétences provenaient :

- à 70 % de la résolution de tâches difficiles, c'est-à-dire en expérimentant sur le terrain ;
- à 20 % du contexte social, au cours d'interactions sociales avec leurs collègues ou clients, partenaires ;
- à 10 % de cours et de formations formelles.

Si vous suivez une formation professionnelle, n'hésitez pas à creuser les thèmes qui vous intéressent même s'ils ne sont pas développés par les intervenants. En effet, cela ne veut pas dire que ces sujets ne sont pas pertinents, seulement qu'ils sont trop spécifiques pour concerner tout le monde. Et c'est tant mieux, car cela prouve que votre projet est bien unique ! L'apprentissage des bases de connaissances est indispensable, mais vous ne pouvez pas vous arrêter là si vous souhaitez atteindre l'excellence. J'aime prendre l'image du sportif pour appuyer mon discours. Selon moi, l'auto-apprentissage permet à un sportif de devenir un athlète de haut niveau. Si je parle d'athlète, c'est bien parce que l'auto-apprentissage est un sport individuel et non pas collectif. Une chose est certaine, il n'est pas pertinent de vous lancer dans l'acquisition de nouvelles compétences et connaissances tant que vous n'avez pas développé votre projet professionnel. Ce serait en effet le meilleur moyen de perdre votre temps ainsi que votre motivation et finalement vous ne pourriez pas vraiment avancer.

Une Spirale de Révélation

Au cours de mon parcours professionnel, j'ai développé une méthode d'auto-apprentissage que j'utilise encore aujourd'hui et que je recommande aux personnes que je coache. Cette méthode, que j'ai baptisée Spirale de Révélation, comporte trois étapes : la lecture, l'expérimentation et le déploiement.

LA SPIRALE DE RÉVÉLATION

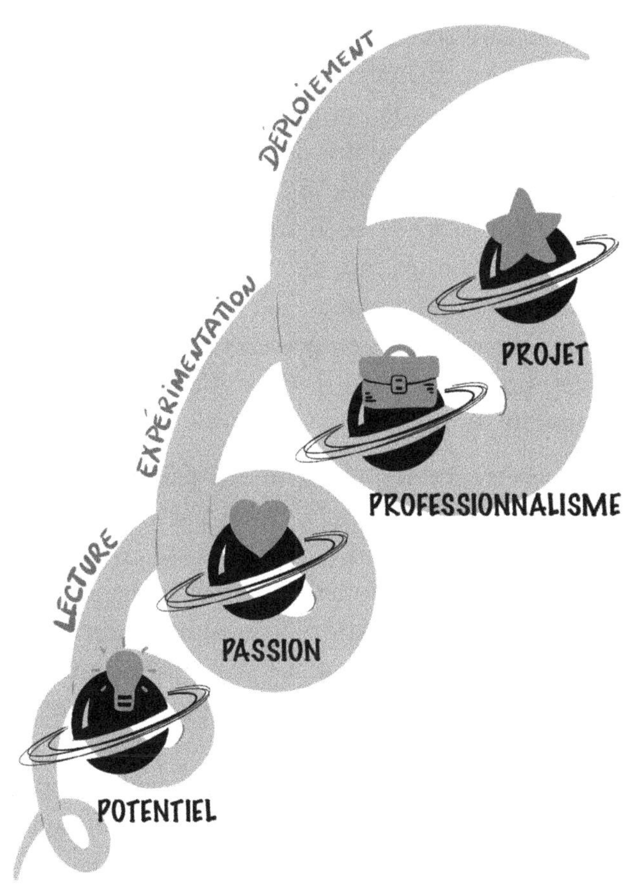

Lecture

La lecture a pour objectif d'acquérir de nouvelles connaissances. Pour trouver ce dont vous avez besoin, il vous suffit de vous référer à votre PACSE. Pour chaque objectif intermédiaire que vous avez déterminé, établissez une liste de connaissances et de compétences qui vous manquent ou que vous avez besoin d'approfondir. Et pour que ce travail de lecture soit le plus profitable possible, faites des fiches de lecture. En effet, si vous lisez plusieurs livres à la suite sans en faire de compte rendu il y a fort à parier que vous aurez tout oublié d'ici à quelques mois, voire quelques semaines. Je parle de lecture parce que c'est la façon dont j'ai procédé en lisant des livres et des articles mais il existe aujourd'hui de nombreux autres moyens d'accéder à des connaissances, tels que les vidéos en ligne, les Mooc, les formations en présentiel ou encore les cours par correspondance. C'est donc à vous de choisir ce qui vous convient le mieux.

Au cours des trente dernières années, j'ai lu de nombreux livres et articles pour enrichir mon parcours professionnel. Dans mon ordinateur, j'ai tout classé en déterminant soixante-quinze thématiques telles que management, ressources humaines, animation, communication, coaching ou encore gestion de talent. Et j'ai attribué un numéro à chacun de ces thèmes, ce qui me permet de retrouver très rapidement ce qui m'intéresse. Par ailleurs, j'encourage mes collaborateurs à réaliser une veille stratégique sur les sujets qui les intéressent le plus, en lien avec leur propre projet professionnel. Nous avons tous accès à cette richesse inépuisable : la connaissance.

TÉMOIGNAGE

Marine, 30 ans, associée gérante d'Allégorie

Du haut de mes 20 ans, BTS assistante de gestion PME/PMI en poche, je souhaitais tenter l'aventure de l'alternance. Souvent considérée comme un tremplin, il s'agit d'une véritable école de vie. Ayant peu d'expérience et peu de visibilité sur le maillage territorial environnant, je me suis naturellement tournée vers mes proches afin de me nourrir de leurs conseils et d'être aiguillée sur LA personne à contacter. Le nom de Philbert Corbrejaud, originaire de Noirmoutier comme moi, était souvent mentionné en tant qu'îlien entreprenant et persévérant. Il fallait que je rejoigne son équipe ! Pourtant consciente de la difficulté de trouver une entreprise en tant que jeune diplômée, j'étais déterminée à m'offrir cette expérience. À cette époque, j'ignorais ce que signifiait intégrer le cabinet QPC (aujourd'hui Maâtura) et pourtant j'étais déjà convaincue que j'apprendrais beaucoup de cette équipe. J'ai donc persévéré et créé l'opportunité.

En 2010, après un casting musclé, j'ai eu la chance de rejoindre le cabinet pour deux années qui furent des plus enrichissantes. Dix ans après, j'ai conscience que cette expérience représente le socle de mon parcours professionnel. En effet, la méthode et les process mis en place permettent à l'ensemble de l'équipe de disposer d'un cap, de rituels, et offrent un cadre structuré favorable à l'épanouissement de chacun. Ma nature enthousiaste et mon goût prononcé pour les nouveaux défis m'ont encouragée à saisir les responsabilités que Philbert m'a offertes au fur et à mesure. Manager au leadership incontestable, il prouve au quotidien sa capacité à se mettre en mouvement au service de son organisation et de ses collaborateurs. Implicitement, Philbert a mis en place un incubateur de talents. Leader à l'écoute, apporteur de conseil et de rigueur, il partage son expérience et sa méthode.

En tant que bon manager, Philbert m'a aidée à préparer « la suite ». Nous avons identifié, ensemble, qu'un départ de l'entreprise était nécessaire à mon épanouissement professionnel. Confiante, j'avais toutes les clés pour perfectionner ma palette de compétences en créant une nouvelle opportunité, cette fois-ci dans le domaine de la communication. Rencontrer de nouveaux coéquipiers, une culture d'entreprise différente et des méthodes parallèles représentait un enjeu essentiel dans mon parcours professionnel. C'est aussi cela être révélateur de talents : offrir des opportunités de développement aux individus, en leur donnant confiance en leur capacité d'accomplissement. Aujourd'hui, à 30 ans, je suis chef d'entreprise, j'ai créé un cabinet de conseil en marketing et communication, en m'appuyant sur mon socle de compétences et mes *soft skills*. Ce qui m'anime dans ce nouveau challenge, au-delà d'entreprendre et de mener un projet qui a du sens, c'est la joie de pouvoir un jour transmettre à mon tour ces bonnes pratiques et de co-construire l'avenir de futurs talents.

Expérimentation

L'expérimentation est la deuxième étape après la lecture. Elle vous permet de valider une acquisition de connaissances en vous assurant de sa viabilité. Ma méthodologie est simple : à partir d'une fiche de lecture, je crée une fiche d'intervention qui présente le concept de la pratique que je veux expérimenter, ainsi que le public et sa problématique. Je vous conseille de réaliser ces expérimentations auprès de personnes de votre entourage professionnel que vous connaissez déjà et avec lesquelles les enjeux ne sont pas trop importants. Cela peut être votre équipe, vos collègues ou vos prestataires. Mais il est préférable d'éviter d'expérimenter vos nouvelles pratiques directement avec vos clients. De même, un athlète ne va pas tester une nouvelle technique le jour de la compétition. Par ailleurs, vous n'êtes pas obligé de prévenir « vos cobayes » qu'ils vont participer à une expérience. Vous verrez bien si cela fonctionne ou pas. Je pars du principe que si c'est un échec, ce n'est pas grave car ils n'étaient pas au courant que vous étiez en train d'essayer quelque chose. Au pire ils se diront que vous n'étiez pas très en forme ce jour-là.

À la suite de cette expérimentation, vous pouvez ajouter sur votre fiche d'intervention les difficultés rencontrées et les idées que vous avez trouvées pour les surmonter la prochaine fois. Lors de ma formation de coach, j'ai voulu tester une méthode sur mon assistante de l'époque. Je me souviens qu'elle m'avait regardé de travers en me demandant si j'étais en train de m'essayer à la psychologie. Bref, c'était complètement raté. Mais au moins cela m'a permis de me rendre compte que je n'étais pas vraiment à l'aise avec cette technique et qu'il valait mieux que j'en utilise une autre.

Expérimenter vos nouvelles connaissances va également vous permettre de déterminer la direction dans laquelle vous avez envie d'évoluer. En effet, trois possibilités s'offrent à vous :

- *Évolution en hauteur.* C'est l'évolution hiérarchique classique que l'on nous vante à l'école. On nous dit d'aller très loin dans nos études pour pouvoir ensuite être manager. C'est la vision de l'évolution sociale que nous renvoie la société : à un certain âge on se doit d'être manager, de diriger une équipe sinon cela veut dire qu'on est dans le camp des « perdants ». Moi-même je me suis laissé prendre à cette chimère et j'ai à tout prix voulu gravir les échelons pour devenir directeur au sein d'une grosse entreprise. « À tout prix » est vraiment l'expression juste car comme je vous l'ai déjà dit, quand j'occupais ce poste de directeur j'étais vraiment mal dans ma vie au quotidien et au bord du burn-out. Alors avant de vous lancer dans l'escalade en hauteur, demandez-vous si vous avez vraiment envie de ces responsabilités, si gérer une équipe fait partie de votre projet. Est-ce que ce poste que vous visez servira juste à flatter votre ego ou bien vous apportera-t-il de la joie et vous permettra-t-il de réellement vous épanouir ?

- *Évolution en profondeur.* Dans ce cas, il s'agit de devenir un expert. De compétent, vous devenez excellent. Si c'est la direction qui vous convient, alors vous devez approfondir dans le détail votre domaine de prédilection. J'ai moi-même testé cette forme d'évolution en devenant expert en qualité. Mon problème c'est que je me suis trompé d'expertise. Heureusement, j'ai pu corriger cela en découvrant mon potentiel et à partir de là, j'ai approfondi dans le domaine de l'innovation en lien avec ma passion pour les talents latents.
- *Évolution en largeur.* La reconversion professionnelle est une forme d'évolution en largeur. Il s'agit en effet de s'engager dans un tout nouveau domaine pour apprendre à le maîtriser. Évidemment, si vous décidez d'explorer un nouveau champ d'action, il est nécessaire de vous assurer au préalable qu'il est en accord avec votre potentiel et votre passion.

TÉMOIGNAGE

Marie, 39 ans, free-lance et scénariste

Depuis l'âge de 8 ans, j'ai envie d'être comédienne et écrivaine, mais je n'avais aucune connexion dans ce milieu et pas assez confiance en moi pour aller à l'encontre du schéma plus classique que mes parents avaient en tête. J'ai donc suivi un parcours rassurant : hypokhâgne, Sciences Po suivi d'une année au Mexique et d'une spécialisation en communication. J'ai travaillé six ans dans des agences de communication éditoriale en tant que directrice de projet, puis en charge du développement. Ensuite j'ai intégré une grande marque de luxe pour être responsable de la communication interne Europe. J'y suis aussi restée six ans. Je gagnais bien ma vie et socialement je cochais toutes les cases, mais je n'étais pas du tout épanouie. Peu après mon congé maternité, j'ai donné ma démission pour repartir quelques mois en agence de communication avant de me rendre à l'évidence : tout cela n'était plus pour moi.

À la suite, je me suis lancée dans un projet d'entrepreneuriat. Je voulais créer une marque de mode éthique. Mon objectif était de respecter l'environnement en recyclant des matières existantes et m'engager au niveau social en aidant à la réinsertion de femmes sortant de prison. Pour développer mon projet, je suis d'abord allée dans un incubateur d'entreprises. Mais dès le début, je ne m'y suis pas sentie à ma place car l'ambiance start-up nation qui y régnait – sous couvert de faire de l'économie sociale et solidaire – ne me convenait pas du tout. L'incubateur dépendait d'une grande entreprise et je me suis retrouvée à devoir rendre des comptes. Très vite, le fait de prendre mon vélo tous les matins, faire le même trajet, me retrouver tous les jours avec les mêmes personnes m'a pesé. J'avais l'impression d'avoir replongé dans cet univers de salariés que je ne supportais plus. Au bout de deux mois, j'ai préféré quitter l'incubateur avec une autre entrepreneuse avec laquelle je me suis associée pour continuer à développer mon projet. Elle était couturière de formation, j'assurais la partie communication et marketing. L'association semblait parfaite et nous avons bien avancé jusqu'à ce que nous ayons à prendre une grande décision stratégique. Valait-il mieux créer dès maintenant notre atelier pour travailler dès le début sur la réinsertion ou était-il préférable de lancer la marque en sous-traitant pendant quelque temps la production à des ateliers solidaires existants ? Nos visions divergeaient et ce premier désaccord m'a tout fait remettre en question. J'ai pris conscience de ce que serait ma vie d'entrepreneuse, entre décisions à prendre, problèmes à gérer et négociations à mener. Ce n'était clairement pas ce dont j'avais envie.

Je me suis alors repassé le film de mon aventure entrepreneuriale. Finalement, ce que j'aimais vraiment c'était raconter l'histoire de mon projet et imaginer comment on pouvait le mettre en œuvre, le rendre intéressant, bref c'était un travail de scénariste. Même à l'incubateur, j'allais voir les autres pour leur demander ce qu'ils faisaient et je les conseillais dans la façon de raconter leur histoire. Je me suis rendue à l'évidence que l'entrepreneuriat n'était pas fait pour moi et j'ai abandonné ce projet. Cela faisait un moment que je voyais une coach, qui m'a aidée à me débarrasser de mes croyances limitantes et à me reconnecter à mes talents d'artiste. Je suivais une formation d'actrice et une autre de scénariste et j'avoue que ces deux journées dans la semaine étaient celles qui me remplissaient le plus de joie. Mais je considérais encore cela comme un loisir sans oser me projeter dans une vie professionnelle d'artiste.

Aujourd'hui je suis free-lance et j'assure des missions de stratégie éditoriale pour des agences de communication. En parallèle, je travaille sur des projets de scénario et j'ai créé Passion Narration, un programme d'écriture qui permet aux adolescents de révéler tout leur potentiel. Mon objectif est de les aider à rester connectés à ce qu'ils aiment vraiment pour leur éviter de se conformer aux injonctions parentales et sociétales. Autour de moi, je vois tous mes amis de 40 ans remettre leur vie en question et en chercher le sens. Et je pense que tout serait tellement plus simple si on nous laissait faire ce qu'on aime vraiment, si on n'essayait pas de nous mettre dans des cases qui ne sont pas les nôtres.

Déploiement

Le déploiement est la troisième étape de la Spirale de Révélation. Elle consiste à mettre en pratique ce que vous avez expérimenté et validé auparavant. Il s'agit ainsi de capitalisation de vos connaissances. Si vous êtes manager, c'est le moment de partager ces nouvelles pratiques avec vos collaborateurs. Ils vont ainsi pouvoir se les approprier et peut-être même les améliorer. Vous craignez, en faisant cela, de vous retrouver en compétition avec l'un de vos collaborateurs qui risquerait de vous dépasser ? En réalité c'est impossible, puisque votre projet professionnel est unique et que celui des autres l'est aussi. En fait, dans ce que vous leur donnez, ils approfondiront ce qui leur est spécifique. Personne n'a d'intérêt à copier l'autre ni à essayer d'entrer en concurrence. Dans cette phase de déploiement, le savoir-faire s'améliore en réseau. C'est en partageant avec les autres que chacun enrichit sa propre pratique et devient un expert dans son domaine. « La connaissance s'accroît quand on la partage » disait le philosophe grec Socrate. C'est ce que nous mettons en œuvre au quotidien chez Maâtura. Nous utilisons la plateforme de communication collaborative Slack pour présenter le résultat de la veille stratégique de chacun d'entre nous. Et je peux vous assurer que ce partage de connaissances représente un véritable cercle vertueux. Je ne suis pas peu fier de notre grande bibliothèque virtuelle Dropbox qui possède à ce jour plus de 1 800 fiches de lecture auxquelles s'ajoutent 1 100 fiches d'intervention, 1 600 fiches de formation et 5 600 fiches de bonnes pratiques. Cette base de données de 10 100 fiches est tellement complète qu'elle me permet aujourd'hui de répondre à tous les questionnements en rapport avec mon métier. Cette capitalisation représente la principale richesse de Maâtura avec ses ressources humaines.

Une hygiène de vie indispensable

Je mets en avant la Spirale de Révélation que j'ai construite selon le modèle lecture/expérimentation/déploiement, mais c'est à vous de déterminer l'enchaînement qui vous convient le mieux. Tout dépend de votre façon d'apprendre et d'intégrer de nouvelles connaissances. Vous pouvez ajouter du tutorat, du coaching, et pourquoi pas de la méditation. Vous pouvez aussi trouver un modèle, une personne que vous admirez. Suivez-la sur les réseaux sociaux, lisez ses livres si elle en a écrit. L'idée n'est pas de la copier mais de vous en inspirer. Si votre entreprise vous propose de suivre des formations, soyez force de proposition. N'attendez pas que l'on vous impose d'en suivre certaines qui n'apporteront rien à votre projet professionnel ou pire qui ne vous intéresseront même pas. En effet, les plans de formations obligatoires dans les entreprises ne sont souvent pas alignés avec les projets des collaborateurs et parfois même pas avec le projet de l'entreprise. Vos talents sont vos richesses, c'est donc à vous d'en prendre soin et de les faire fructifier. Ne laissez pas cette mission à votre manager ou au directeur des ressources humaines de votre entreprise.

Quel que soit votre choix de modèle, il doit comporter ces trois caractéristiques : la découverte par vous-même (c'est vous le moteur), la capitalisation de vos nouvelles connaissances et leur optimisation. Cette méthode est peu coûteuse ou en tout cas elle s'adapte à toutes les bourses. Si vous n'avez pas d'argent, Internet vous permet aujourd'hui d'accéder à un nombre incalculable de documents de grande qualité et entièrement gratuits. Alors vous n'avez aucune excuse pour ne pas vous lancer ! N'attendez pas que votre entreprise vous propose la bonne formation. Si vous avez les moyens, payez-la vous-même. En finançant votre propre progression vous serez totalement libre de choisir les connaissances les plus pertinentes à acquérir. Vous garantissez ainsi votre avenir et votre réussite. N'attendez pas que votre famille valide votre idée. Dès que vous avez clairement déterminé votre projet et son PACSE, engagez-vous dans votre Spirale de Révélation !

N'oubliez pas que vous avez déterminé votre projet sur le long terme, entre cinq et dix ans. Il ne s'agit donc pas de flancher en cours de route. Je reprends la comparaison entre ma démarche de développement professionnel et l'entraînement d'un sportif de haut niveau. Pour tenir le coup sur la durée et devenir un véritable athlète de l'apprentissage, il est nécessaire d'adopter une certaine hygiène de vie. Il est d'abord indispensable de bien vous nourrir. J'avoue que je suis très gourmand et que je ne résiste pas devant une plaquette de chocolat. Je n'ai pas de repas type mais je prends soin de suivre un régime alimentaire équilibré en misant sur les fruits et les légumes. J'aime également boire de l'alcool, mais je le réserve uniquement aux week-ends.

Le sommeil joue également un rôle important dans l'apprentissage. Aujourd'hui, les Français dorment en moyenne 6 heures 42 par nuit, ce qui est en dessous des 7 heures minimales quotidiennes recommandées pour un adulte[1]. Et plus d'un tiers de nos concitoyens dort moins de 6 heures. Cet état des lieux est franchement catastrophique quand on sait que le sommeil permet d'augmenter la mémorisation et de consolider les connaissances. En effet, le manque de sommeil a un véritable impact négatif sur les capacités mnésiques. Il est donc indispensable de dormir entre 7 et 9 heures si vous voulez favoriser votre démarche d'apprentissage.

Pour être au top durant les périodes intenses de votre vie, vous pouvez vous mettre à la méditation qui vous aidera

1. « Le temps de sommeil en France », *Bulletin épidémiologique hebdomadaire*, 12 mars 2019.

à gérer le stress et l'anxiété et favorisera votre attention et votre mémoire. Les effets de la sophrologie sont à peu près les mêmes et certaines techniques peuvent facilement être mises en œuvre au quotidien. Quand je prenais des cours du soir, je me suis intéressé à la sophrologie pour m'aider à gérer cette période bien chargée. Pour éviter la fatigue de fin de journée alors que je devais porter toute mon attention sur de nouvelles connaissances à acquérir, je réalisais un exercice de balayage corporel.

FOCUS

Le balayage corporel, un classique de la sophrologie

Vous connaissez peut-être déjà cet exercice qui est un grand classique de la sophrologie. Mais je vous le rappelle pour que vous pensiez à l'utiliser au quotidien. Car il est vraiment très simple et efficace. Vous pouvez le faire discrètement en restant assis à votre bureau même si vous êtes en open space.

Enlevez vos lunettes si vous en avez. Fermez les yeux. Posez vos mains sur vos cuisses. Tenez-vous bien droit mais sans forcer votre posture. Prenez trois profondes et lentes respirations en gonflant le ventre en inspirant. Soufflez doucement par la bouche à l'expiration. Essayez de synchroniser le temps de l'inspiration avec celui de l'expiration. Vous pouvez compter en silence jusqu'à cinq pour vous aider.

L'exercice consiste à scanner toutes les parties de votre corps, des pieds à la tête, pour traquer les tensions et les dénouer. Pendant tout l'exercice, continuez à respirer lentement et profondément, mais sans forcer. Ressentez d'abord vos pieds. Vos orteils sont-ils crispés ? Si oui, détendez-les. Puis remontez le long des chevilles, des mollets. Ressentez-vous des tensions ? Continuez à remonter tout au long de votre corps en vous arrêtant à chaque niveau : genoux, cuisses, fesses, hanches, taille, ventre, thorax, bras, mains, dos, épaules, nuque, cou, visage et enfin le dessus du crâne. À chaque fois que vous ressentez une tension, attardez-vous dessus le temps de la dissiper. Cet exercice ne vous prendra pas plus de dix ou quinze minutes et vous permettra de vous décontracter entièrement tout en récupérant de l'énergie. Aujourd'hui encore j'ai l'habitude de faire cela chaque midi après le déjeuner afin de repartir du bon pied pour tout l'après-midi.

Pour optimiser votre apprentissage, vous devez également repérer les plages horaires pendant lesquelles vous êtes le plus disponible, le plus attentif pour intégrer de nouvelles connaissances. Êtes-vous plutôt du matin, de l'après-midi ou du soir ? À quelle heure avez-vous un pic d'énergie ou une baisse de forme ? Nous avons chacun notre rythme. À vous de trouver le vôtre. Pour le déterminer, faites une étude systématique pendant une semaine. Découpez vos journées en créneaux de 90 minutes et alternez chaque jour différentes tâches à différents horaires. Cela vous permettra de découvrir à quel moment vous êtes le plus concentré pour lire, apprendre ou expérimenter.

FOCUS

Quelques principes d'apprentissage

Nous avons chacun notre rythme, mais certains principes nous concernent tous :

- 90 minutes, c'est le temps de concentration maximum ;
- après 25 minutes, l'attention est à son maximum, puis baisse ;
- après 75 minutes, l'attention est à son plus bas niveau ;
- 10 minutes de pause suffisent pour recharger les batteries ;
- entre 13 h et 14 h (horaire du déjeuner), les adultes ne sont pas disponibles pour apprendre.

Il y a une notion que je n'ai pas encore abordée mais qui doit se retrouver au centre de votre projet, c'est la persévérance. Cette qualité est en effet indispensable. Si l'on poursuit l'analogie avec les sportifs, alors vous êtes un coureur de fond, plutôt qu'un sprinteur. Votre projet professionnel représente un véritable marathon. Vous devez pouvoir enchaîner 42,195 kilomètres sans renoncer et sans vous blesser. Afin d'être performant, il ne s'agit pas seulement de multiplier les courses longues lors de l'entraînement. Pour progresser et augmenter au fur et à mesure sa vitesse sur une longue distance, il faut ajouter à l'entraînement des séances de courses courtes et rapides. C'est ce que l'on appelle le fractionné. Dans le cadre de votre projet professionnel, vous devez également apprendre à pratiquer le fractionné et alterner ainsi entre des séances d'auto-apprentissage et de perfectionnement sur la durée et d'autres plus courtes qui vous permettront d'avancer rapidement dans votre parcours. J'entends souvent des personnes se plaindre de leur manque de persévérance, mais je ne suis pas étonné. Si cette qualité n'est pas votre fort, c'est tout simplement parce que vous n'avez jamais eu à la mettre en œuvre dans le cadre de votre potentiel et de votre passion. Découvrez et cultivez ces deux aspects de votre vie et vous verrez que vous ne vous poserez plus la question. Persévérer deviendra une évidence et même un véritable plaisir, car cela prendra enfin tout son sens pour vous.

Chapitre 7

Votre plan d'actions à mettre en œuvre

Au fil de votre lecture vous vous êtes rapproché de votre étoile. C'est maintenant le moment de passer à l'action ! Afin de vous aider, je vous présente un plan d'actions pour chacune de vos planètes. Vous êtes bien entendu libre de le transformer et de le compléter.

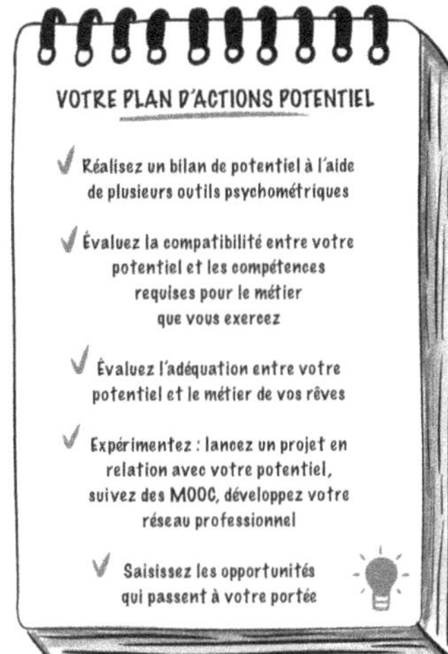

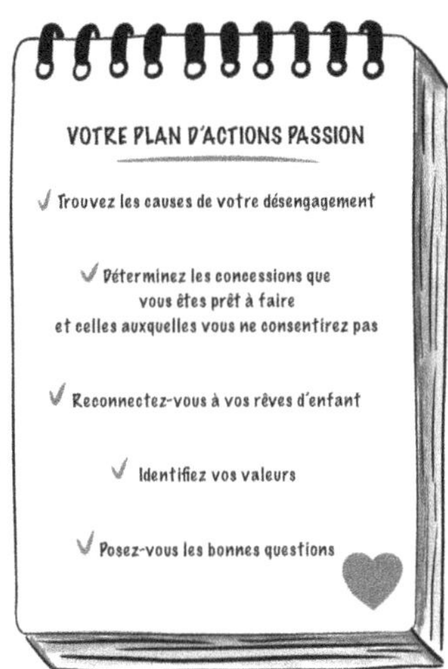

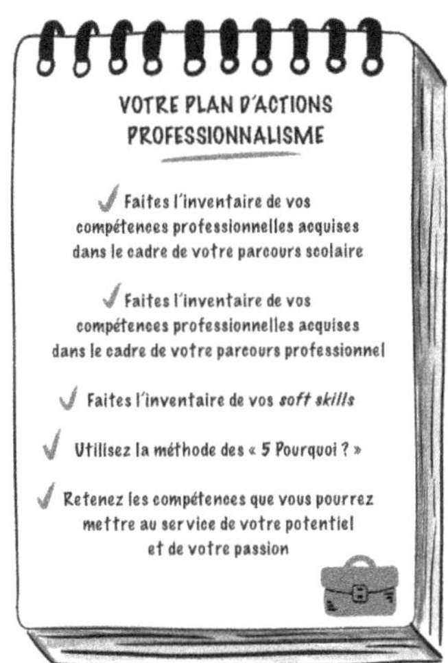

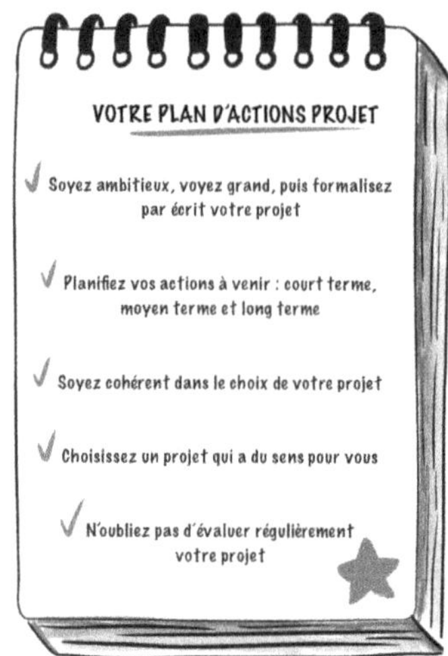

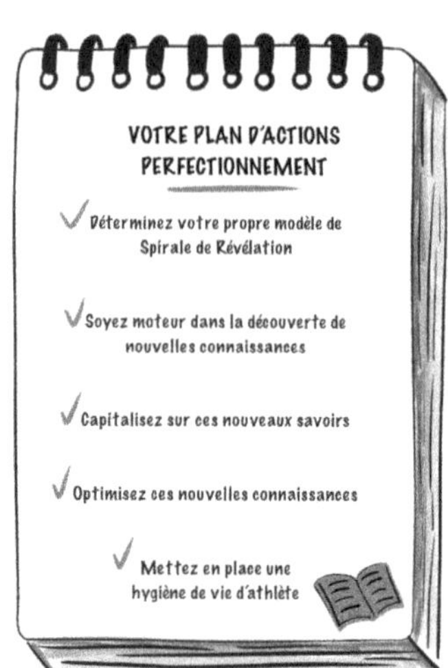

Comment évaluer l'avancement de votre itinéraire et de vos plans d'actions

Vous avez compris l'importance de chacune des cinq étapes du programme des talents latents et vous avez écrit votre projet professionnel. Pour le mener à terme, il est indispensable de planifier un suivi de votre progression. Je vous conseille, dès à présent, de programmer tous les trois ou six mois puis chaque année un point avec vous-même pour faire un état des lieux de votre avancée sur chacune des cinq planètes. D'une part, cet autodiagnostic vous aidera à visualiser le chemin parcouru et d'autre part, à redessiner votre projet si nécessaire.

Posez-vous les questions suivantes :

- Où en suis-je dans mon projet professionnel ?
- Sur quelles planètes ai-je progressé, sur quelles planètes ai-je stagné ?

- Puis analysez vos réponses pour redessiner votre projet s'il y a lieu :
  - Mon projet était-il trop ambitieux ?
  - Ai-je toujours les mêmes envies ?
  - Ma vie familiale ou l'actualité a-t-elle changé ?
  - Comment dois-je faire évoluer mon projet ?
  - Les délais de réalisation doivent-ils être actualisés ?

Chapitre 8

Inventaire des outils utilisés

Afin de proposer une vision globale du programme des talents latents, je l'ai synthétisé dans un graphique présentant les 5 planètes et les 15 outils que j'évoque tout au long de mon livre.

LA PALETTE DES OUTILS

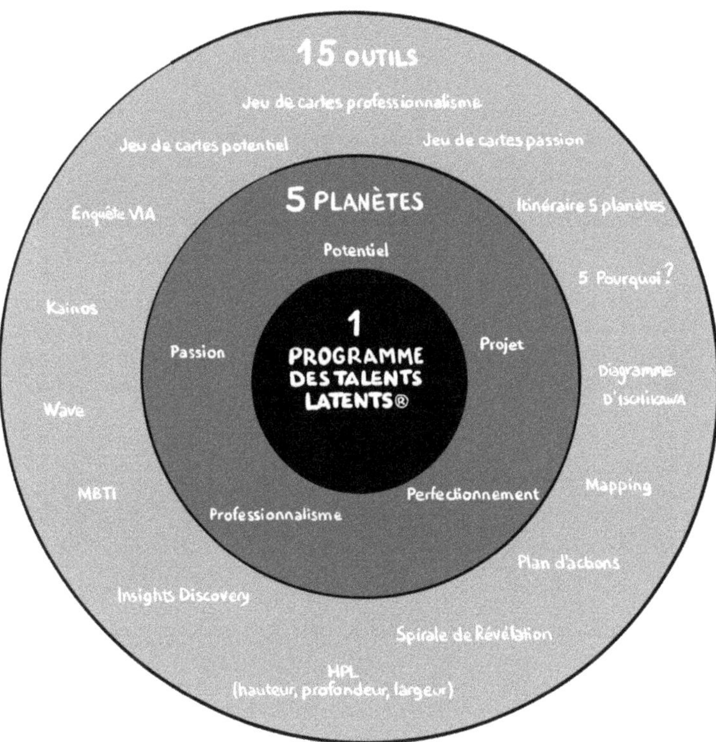

Conclusion

Vous voilà arrivé à la fin de votre itinéraire. J'espère que vous avez pris tout votre temps pour avancer de planète en planète sans vous précipiter. Peut-être avez-vous lu le livre d'une traite pour comprendre rapidement de quoi il s'agissait. Vous pourrez ensuite le reprendre chapitre par chapitre pour construire votre itinéraire pas-à-pas. Je vous ai présenté quelques outils pour vous aider dans votre démarche. Vous pouvez en utiliser d'autres si vous en connaissez qui vous conviennent mieux. Je suis certain que vous en trouverez tout au long de cette nouvelle route sur laquelle vous avez décidé de vous engager. Je sais en effet qu'à partir du moment où vous réussirez à aligner vos planètes, rien ne vous arrêtera et tout concordera pour vous aider à réaliser vos plans. Je tiens à préciser à nouveau que ma méthode n'a rien de scientifique. Je dis souvent que j'ai découvert cet itinéraire de façon totalement empirique et je le décris comme une démarche initiatique. Et ce n'est qu'une fois l'avoir complété, que j'ai compris son enchaînement. En tout cas une chose est certaine, tous ceux qui appliquent cette méthode et parviennent à élaborer leur propre itinéraire réussissent à trouver leur place, à évoluer et à s'épanouir professionnellement. Vous l'avez vu dans le livre au travers des témoignages de mes anciens collaborateurs. Ma méthode leur a été très utile, et ils sont nombreux à avoir eu ensuite envie de la transmettre à leur tour. Dans le chapitre sur le potentiel, j'ai déclaré que j'avais l'impression d'avoir perdu vingt ans de vie professionnelle par manque d'une méthode telle que celle-ci. Et je le pensais réellement. Mais aujourd'hui, alors que je conclus ce livre, j'espère avoir réussi à vous donner envie de suivre ma méthode pour construire votre parcours professionnel et déterminer votre itinéraire. Et je me dis que si ce livre peut aider au moins dix pour cent d'entre vous à sortir de l'impasse et à rebondir, alors mes vingt années de parcours tortueux n'auront pas été en vain.

Je ne peux pas conclure ce livre sans évoquer la crise de la Covid-19 qui a secoué le monde. J'ai commencé à rédiger mon livre au début de l'année 2020. Et alors que j'écris ces dernières phrases, nous ne savons pas encore de quoi demain sera fait. Certains prédisent que cette crise n'est que la première d'une longue série à venir. Nous n'en savons rien. En revanche, ce qui apparaît de plus en plus clairement c'est que la donne dans le monde du travail est en train de changer. Dans un environnement des plus incertains, ce sont toujours les plus agiles qui tirent leur épingle du jeu tandis que les individus formatés et rigides risquent de représenter un handicap pour le monde de demain. En tout cas, une chose est certaine, les entreprises vont désormais s'intéresser davantage au potentiel de ceux qui seront capables d'évoluer, de s'adapter et d'engager les autres dans une nouvelle dynamique. Alors faites-vous confiance. Ayez confiance en votre étoile ! L'alignement des planètes permet de se libérer des contraintes du système et favorise la liberté d'action.

Je vous laisse avec l'une de mes citations préférées. Elle est du philosophe et poète américain Ralph Waldo Emerson et résume parfaitement tout ce que j'ai voulu vous transmettre avec ce livre : « N'allez pas là où le chemin peut mener. Allez là où il n'y a pas de chemin et laissez une trace. »

Top 10 des ouvrages inspirants

Pour poursuivre votre auto-apprentissage, je vous dévoile le top 10 des livres qui m'ont inspiré tout au long de mon parcours professionnel :

1. CAUVIN Pierre et CAILLOUX Geneviève, *Les Types de personnalités*, ESF Éditeur, 2007.

2. CORNETTE DE SAINT CYR Xavier, *Découvrir ses talents cachés*, Jouvence Éditions, 2015.

3. DUBOIS Thierry, *Le Livre pour découvrir vos talents*, Eyrolles, 2015.

4. GABILLIET Philippe, *Éloge de l'optimiste*, J'ai Lu, 2018.

5. GOLDRATT Eliyahu M. et COX Jeff, *Le but : un processus de progrès permanent*, AFNOR Éditions, 2017.

6. GOLDRATT Eliyahu M., *Réussir n'est pas une question de chance*, AFNOR Éditions, 2002.

7. HILL Napoléon, *Réfléchissez et devenez riche*, BN Publishing, 2012.

8. JAMES Christopher, TIRARD Antoine et SEPULVEDA José Miguel, *Révélez vos talents*, Éditions Liaisons, 2013.

9. JOHNSON Spencer, *Qui a piqué mon fromage ?*, Michel Lafon, 2000.

10. SELIGMAN Martin, *La Force de l'optimisme*, Pocket, 2012.

Remerciements

Je tiens tout d'abord à remercier ma femme Thi Hong Nhung qui a cru en moi. La première fois qu'elle a assisté à une conférence sur les talents latents, il y avait à peine dix personnes dans la salle. Quelques années plus tard, des milliers de personnes ont participé à mes conférences, et pour elle cela est tout à fait normal. Encore merci pour ta confiance.

Le programme présenté dans ce livre est étayé de nombreux témoignages de personnes qui racontent leur parcours professionnel. Je leur transmets toute ma reconnaissance.

Le groupe de travail composé de quelques membres de la tribu Maâtura : Alexandre, Anne-Claude, Fabien, Jacky, Noémie et Pauline. J'ai apprécié leur écoute, nos échanges et leurs suggestions pour accompagner mon cheminement intellectuel.

Mon infographiste Stéphanie Necca pour la mise en forme de mes schémas et ses propositions d'infographies adaptées à mes idées.

Ma coach en écriture Nelly Buffon pour son grand professionnalisme et son regard acéré de premier lecteur. J'ai particulièrement apprécié sa technique structurée de questionnement qui m'a aidé à exprimer mes pensées sans jamais trahir l'idée générale du livre.

Compléments

Vous pouvez retrouver, sur le site de l'auteur, les jeux de cartes Maâtura et Wave en téléchargement direct.

URL de téléchargement des compléments sur le site de l'auteur :

www.philbertcorbrejaud.fr/livre-outils-articles

Composé par Facompo, Lisieux

Dépôt légal : Janvier 2022
Imprimé en Allemagne par BoD

www.ingramcontent.com/pod-product-compliance
Ingram Content Group UK Ltd.
Pitfield, Milton Keynes, MK11 3LW, UK
UKHW022012260726
13994UKWH00006B/2437